JN273951

**成人期ダウン症者の理解と
サポート実践プログラム**

ダウン症者とその家族でつくる豊かな生活

菅野 敦・橋本創一・小島道生

編著

福村出版

[JCOPY] 〈(社)出版者著作権管理機構 委託出版物〉
本書の無断複写は著作権法上での例外を除き禁じられています。複写される場合は、そのつど事前に、(社)出版者著作権管理機構（電話 03-3513-6969、FAX 03-3513-6979、e-mail: info@jcopy.or.jp）の許諾を得てください。

まえがき

「ダウン症のある人って, お仕事しているの?」

この質問に対して, しっかりと答えられるでしょうか。「ダウン症のある人といってもいろいろだし……」「何歳のダウン症のある人のことを聞いているのか……」「仕事というのはいろいろあるから, お給料をもらって働いていることを指すのだとすれば……」などと考え込んでしまいませんか。しっかり回答しようと思うと, おそらく, ものすごくまわりくどくて長い説明になってしまうかもしれませんね。

ダウン症とは, 正式名を「ダウン症候群」(最初の報告者であるイギリス人のジョン・ラングドン・ダウン医師の名前から命名) といい, 染色体の突然変異によって起こるものです。ダウン症の特性として, 多くの場合, 筋肉の緊張度が低く, 知的な発達に遅れがあります。発達の道筋は通常の場合とほぼ同じですが, 全体的にゆっくり発達します。さまざまな身体の疾患をともなうことも多いのですが, 医療や療育, 教育が進み, 最近ではほとんどの人が普通に学校生活や社会生活を送っています。

ダウン医師が1866年に論文を公開してから, 150年が経とうとしています。1965年にはWHO (世界保健機関) によって「Down syndrome (ダウン症候群)」を正式な名称とすることが決定されました。2004年には世界ダウン症連合 (本部はイギリスのロンドン) が, 3月21日を (21番染色体トリソミーにちなんで)「ダウン症のある人たちとその家族, 支援者への理解がよりいっそう深まり, ダウン症のある人たちがその人らしく安心して暮らしていけるように, さまざまな啓発のイベントを通して世界中の人々に訴えていくための日」として「世界ダウン症の日」を制定しました。2012年には国際連合がこれを正式に認定しました。

わが国におけるダウン症支援の研究や輪は, 古くて, そして, まだまだ新しいともいえます。公益財団法人日本ダウン症協会 (JDS) はダウン症のある人たちとその家族, 支援者でつくる約5,700人の会員組織です。前身の「こやぎ

の会」や「小鳩会」から数えると，50年程の活動が展開されています。各学界や支援フィールドにおける研究と実践は，社会の変化などにともない大きく変わっています。ダウン症という名称やダウン症のある人の存在は古くから知られてきましたが，多くの人にとって，社会の中で実際に触れあったり，話をしたり，共に暮らす機会は限られており，ダウン症のある人たち1人ひとりの理解と支援については，まだまだわからないことが多いのではないでしょうか。福祉や教育，療育，医療などの専門家の中にも，「知っていると思い込んでいるだけで，実は詳しくわかっていなかったかもしれない……」という方もいるのです。

　1998年に『ダウン症者の豊かな生活』が福村出版より刊行されてから17年が経過しました。この間，医療・福祉などの進展もあり，成人期以降のダウン症のある人たちを巡る状況は変化しています。また，平均寿命も着実に延長し，これまで以上に，成人期以降において豊かな生活をどのように実現していくのかを本人や家族の方々も含めて模索していく必要があります。さらに，ノーマライゼーションやインクルージョンが推進される中，地域社会の中でどのような支援が必要とされているのかをこれまでの実践や研究成果にもとづいて提示すべきときであるといえます。加えて，成人期に至ってより豊かに生活する本人とそれを見守り支える家族のリアルな現状を知らせることで，生涯を見据えたより具体的な人生設計の支援につながると考えます。このような背景から本書を作成することにいたしました。構成は以下のような観点でつくりました。

・成人期のダウン症者の充実した日々の紹介（第1章）
・ダウン症者の生涯発達のタイプと様相（第2章）
・心や身体の健康，疾患と対応（第3章）
・心理・行動機能の低下予防（第4章）
・家庭や施設などで実践できる具体的な支援プログラム（第5章）

　これらの観点に関して，現段階のわが国における成人期ダウン症者の研究と実践をできるかぎり網羅し，支援のための理論と方法，加えてダウン症のある

ご本人や家族に関する最新の情報も提供します。ダウン症のある人やその家族の支援にかかわる方や交流している方々，交流を考えている方々すべてにお読みいただければ幸いです。読まれた後，きっと，冒頭の質問に自信をもって簡潔に答えることができるようになっていると思います。

　最後に，本書の出版にあたり福村出版編集部の方々に大変お世話になりました。また，お忙しい中執筆していただいた皆様にあらためまして感謝申し上げます。そして，多くのご協力を賜りました公益財団法人日本ダウン症協会の方々に御礼申し上げます。ありがとうございました。

　2015年6月

菅野　敦　橋本創一　小島道生

目　次

まえがき　(3)

第1章　成人期以降も充実した生活を送るダウン症者たち …9

- 元気モリモリ20歳代　(10)
- 楽しく愉快な30歳代　(15)
- じっくり円熟味の40歳代　(19)
- まだまだ意欲的な50歳代　(24)

第2章　成人期以降の発達 ──生涯発達タイプ別の特徴 ……… 29

1. ダウン症の早期老化　(31)
2. ダウン症とアルツハイマー病　(32)
3. ダウン症の加齢にともなう精神・神経症状　(34)
4. ダウン症の老化に対する環境要因　(35)
5. ダウン症者の急激退行　(36)
6. 急激退行の原因　(38)
7. 成人期のダウン症における生涯発達的な特徴　(40)
8. 成人期ダウン症者にみられる生涯発達のタイプ　(41)
9. 本章のまとめ　(49)

第3章　成人期以降のダウン症者の疾病，身体的変化への対応 ……………… 53

1. かかりつけ医と健康診断について　(54)
2. 成人期以降の身体疾患について　(60)
3. 肥満・やせと運動・体力について　(66)
4. 精神疾患の合併について　(72)

第4章　成人期以降のダウン症者の心理・行動機能の低下予防 ……………… 79

1. 心理・行動機能の低下と維持　(80)
2. 認知症　(86)
3. 精神医学的な問題への対応　(94)

第5章　成人期のサポート実践プログラム ……………… 105

1. コミュニケーションを豊かにするプログラム　(106)

　　■いやな気持ちを上手に伝えよう　■頼まれごとを上手に断ろう　■質問して会話を始めよう　■ダンスでコミュニケーション　■フルーツバスケットをやろう　■メールでやりとり　■会議をひらこう　■気分転換しよう　■忘年会に参加しよう　■洋服屋さんに行こう

2. 健康維持・栄養管理のためのプログラム　(118)

　　■早寝・早起きをしよう　■楽しいお風呂・サウナ　■マッサージをしてもらおう　■バランスのとれた食事をとろう　■アロマテラピーを楽しんで使

おう　■上手にお医者さんに診てもらおう　■歯磨き　歯槽膿漏の予防をしよう　■スキンケアをしよう　■感染を予防しよう　■リラックスするためにお茶・お酒を飲もう

③ 運動のプログラム　(128)

■ストレッチング，ヨガ，ラジオ体操　■表現型のスポーツ　■ウォーキング，ハイキング　■自転車　■水泳　■ターゲット型スポーツ　■ゴール型スポーツ　■ネット型スポーツ　■ベースボール型スポーツ　■ウインタースポーツ

④ 余暇支援のプログラム　(138)

■カラオケ：歌って踊ってストレス発散　■電車で外出：電車に乗って街に出よう　■描画：イマジネーション　色彩ある生活　■音楽：今すぐなりきりギタリスト　■習字：今日からあなたも書道の達人　■買い物：レッツ！ショッピング　買い物は楽しいな　■調理：三ツ星シェフはわが家にいます　■工作・粘土：つくるものはみんな違って，みんないい　■観劇：迫真の演技にすっかりカンゲキ！

⑤ 学びのためのプログラム　(147)

■読書を楽しもう　デイジー図書・タブレット端末を活用しよう　■科学を楽しもう　おどろきの連続！　科学実験をしてみよう　■家計簿をつけてみよう　電卓を使った家計簿術　■情報科を学ぶ　チラシのワナを読み解く　■地理を学ぶ　地図を使って，知っている場所を歩いてみよう　■技術科を学ぶ1　自分にあったパソコンの入力方法に切り替えよう　■技術科を学ぶ2　プレゼンテーションソフトで絵日記風の4コマアニメをつくろう

⑥ 就労支援のプログラム　(164)

■履歴書をつくろうPart1　自分史をつくろう　■履歴書をつくろうPart2　志望動機の書き方　■めざせ！合格！面接力アップ！　■職場での会話を学ぼう！Part1　基本的なあいさつ　■職場での会話を学ぼう！Part2　仕事が終わったときや困ったときにどうするか　■携帯電話のマナー　■職場でのトラブルについて考えよう！　■作業の手順書について　■作業環境の整理について　■「自分」のことを知ろう！　■時間を守って行動しよう！　規則正しく生活し，信用される社会人に　■生活習慣と身だしなみを整えよう！

引用・参考文献　(182)

第1章

成人期以降も充実した生活を送るダウン症者たち

成人期のダウン症の人たちは，どのような生活を送っているのでしょうか？まずは，20歳代から50歳代までの4人のダウン症の人たちの生活について紹介します。写真やエピソードに加えて，専門家による解説があります。写真やエピソードからは，4人のダウン症の人たちが，それぞれの人生を謳歌し，充実した日々を過ごしていることがわかるでしょう。専門家による解説では，事例に基づいた支援のポイントについて述べています。20歳代から50歳代のダウン症の人のリアルな姿を知り，豊かな生活を実現するためのヒントを得ていきましょう。

元気モリモリ20歳代

「自分らしく生きる」ということ

川口　靖子

　皆様こんにちは。九州でも端のほうにある長崎に住む川口と申します。
　娘は，2015年5月で26歳になる友梨。本当にダウン症そのもの，愛嬌いっぱいの女性です。
　特別支援高校を卒業後，就労移行の事業所で一般就労をめざして3年間訓練と作業をしていましたが，結果的には一般企業への就労はできず，2012年11月より就労継続A型の事業所に移り小さい頃から念願だった「レジ打ち」のある売店業務を毎日がんばっています。ここではその様子を1日のスケジュールに沿ってご紹介させていただきます。

9：00～13：00勤務シフトの場合

6：30　起床，食事，着替え
　　　　めざまし等使わず自分で起きる。朝食は自分で調理（卵焼き，ウインナー）。どんな場合もこのメニュー。服装は自分で選ぶ。ただ季節の変わりめには声掛けが必要。直接いわず，たとえば「明日はあったかそうね」と何気なくコートは要らないことを示唆する。はみがき，用便を済ませ出勤に備える。

8：30　出勤（徒歩15分）

8：50　事業所到着
　　　　仕事用制服（Tシャツ）に着替え，髪など身だしなみを整える。身だしなみのチェックを支援員にしてもらう。

9：00　仕事開始
　　　　タイムカードを押し，今日の体調を支援員に報告後，店内外の清掃。接客，レジ打ち，商品補充，商品の値付け，商品搬入時の受け取り。

13：00　退所
　　　　タイムカードを押し，遅めの昼食を済ませ帰る準備をする。支援員と

午後からの出勤者に帰りのあいさつをして帰宅の途へ。
14:00　帰宅
　　　　洗濯物を取り入れ，たたみ，家族それぞれの場所にしまう。お米を洗って炊飯器へ。18時に炊き上がるよう逆算して予約時間を入れる。たまに早すぎたり遅すぎたりする。その後はビデオをみたりパソコンでカラオケをしてくつろぐ。この時間が至福のときのようだ。
18:30　夕食
　　　　できるかぎり1人盛りにするよう心がけている。食べる量を決めている。とる数がわかるものは大盛り皿から自分の分だけとるようにするが，もう1個ほしい，と懇願されるとついあげてしまうこともある。
20:30　入浴
　　　　風呂の水張りをする。父親の次に入浴。
21:30　自由時間
　　　　パソコンでカラオケ。テレビの歌番組をみる。男性アイドルグループ「嵐」のファン。
22:00　就寝

13:00～17:00 勤務シフトの場合
6:30　起床，食事，着替え
9:00　掃除をする
　　　　各部屋に掃除機をかける。階段の拭き掃除。
10:00　パソコン
　　　　歌を歌ったり，映像をみたりしている。
12:40　出勤
　　　　午前出勤の内容と同じ。
17:00　退所
17:30　帰宅
　　　　同じ。

先にもご紹介しましたとおり，念願のレジ打ちのお仕事に満足しながら目一杯

お店に出るときの姿

のスマイルでお客様への応対をしています。今ではおなじみのお客様のお買いになるものを憶えていて、お客様がおっしゃる前に品物をご呈示できるようになりました。あいさつもお客様の顔をしっかりみて「いらっしゃいませ」「ありがとうございました、またお越しくださいませ」と大きな声でいえるようになりました。またお金の受け渡しもお釣りのお金をそろえることも難無くこなせるようです。計算機を使って1日の売り上げの精算もします。「1万円が○枚、5千円が○枚……1円が○枚」と書き出して金種ごとにいくらあるか計算し1日の売り上げを出します。またお客様が買ったものをノートに書き留めその金額も集計します。現金とノートに書いた金額を合わせます。この半年はこのノートへの書き漏れをなくす、という目標をたててやってきました。まだ書き漏れがあったり金種をあげ間違うこともありますが、支援員さんによれば、合う日が多くなってきているとのことです。

　2年めに入り支援員さんに確認をとらずにできる仕事と、そうでない仕事の割合も6：4の割合まできたようです。先日の事業所でのモニタリングでは利用者20人の中で精神的に一番安定力があり、やる気があるといっていただき得意げな友梨でした。そうはいってもまだまだできないことも多く失敗もありますが、持ち前の明るさでがんばっています。そんな友梨を支援員さんたちもあたたかく、厳しく指導してください。

　仕事の性質上、土日の勤務があり、今までのようなお友だちとのふれあいはできていないようですが、それでも、年に1回ある事業所研修旅行や、半年に一度、以前所属していた事業所で行われる就職者の集い、そして親の会で行っている中学生以上で活動するアミーゴという活動には、仕事と重ならないように自分でお休みをいただいて調整して楽しそうに出かけていきます。移動は路面電車なら大抵のところは行けますが、初めて行くところは一度一緒に行きま

す。二度めからは自分で行けます。でも間違って全然違うところに行ってしまったこともあります。携帯をもたせていなかったので連絡もとれず途方にくれましたが，側を通る人に戻る方法を聞いて元の場所まで帰ってきました。聞いた人が良い方でよかったです。やはり携帯をもたせようと思いました。

　また，毎週水曜日は8歳から習っているピアノの練習に行っています。毎年7月には昇級試験があり12月には発表会があります。楽譜も読めるようですが，初めて弾く曲は，まず先生がはじめから終わりまで弾いてくださるのをジーッとみています。その後，4小節ずつ先生と一緒に弾きます。4小節が完成したら8小節，12小節，と長くなり，1曲の完成となります。

事業所の会長の古希のお祝いで

　1年で3曲くらいの進み具合ですが先生も友梨のペースに合わせてゆっくりと確実に教えてくださっています。2013年の発表会では16年間一度も休まず発表会に参加した，ということで特別表彰をいただきました。友梨もとても喜んでいました。これを励みにますます一生懸命練習に通っています。

　このピアノの練習とパソコンを使って音楽を聴いたり映像をみたりすることが彼女のストレス解消法のようです。

　これからしたいことは？　と本人に聞いたら横浜に行きたいと答えました。2歳違いの妹が特別支援校の教諭として横浜に赴任しているのですが，初めて離れて暮らすので寂しいようです。「何食べてるかな？　ちゃんとお仕事に行ったかな？　風邪ひいてないかな？」と妹にメールをすることが日課に加わりました。

　今の事業所にあと何年勤められるかわかりませんが，1日でも長く地域の方とふれあいながら好きな仕事ができるようにと願っています。そして，この子たちを理解していただき，ほんの少し支援していただければ同じ社会で生きていける存在なのだということをわかっていただければ幸いです。

解　説

　文章からは，「仕事も遊びも楽しい！」と語ってくれそうな友梨さんの姿が目に浮かびます。子どもの頃からのあこがれの仕事をすることができ，地域の人とかかわりながら仕事の技量も着実にアップさせている姿には，20歳代という若いエネルギーを感じます。きっと毎日充実していることでしょう。うらやましい気持ちになった人も，少なくないのではないでしょうか。

　多くの人にとって「好きな仕事」にかかわることは，そう簡単ではないと思います。友梨さんも，いろいろな経験をされたようですが，今はレジ打ちという幼い頃からの夢を実現しています。これは，本人の強い願いと周囲の人の適切な理解と支援があったからでしょう。職場でも，支援員は，本人の願いや意欲，そして理解度を確認しながら少しずつ技量アップさせるような支援を展開しており，あたたかくも厳しいかかわりによって，ますます技量を高めることができています。このように，20歳代は的確な支援によって，仕事での可能性をどんどん広げていけるときです。

　余暇活動においても，8歳の頃から継続してピアノに取り組み，16年間一度も休まず発表会に参加しているのは本当にすばらしいですね。これも，おそらくご本人の「好き」という気持ちと，いいピアノの先生との出会い，さらにはご家族の励ましなどがあったからだと思います。無理をせずに本人のペースを大切にしていることが継続性を生んでいるのでしょう。

　エネルギーあふれる20歳代ですが，友梨さんの生活から想像すると，20歳代で急に充実度が増すわけではなく，好きなことの継続も含め，長期間にわたり今の生活の準備がされてきていたようにも思います。また，成人期になると，人とのかかわりも限定的になりがちですが，支援と工夫によってこれまでの人とのつながりを継続させ，地域の人々とも積極的にかかわる機会を維持していることが，充実した生活へとつながっているといえます。

　　　　　　　　　　　　　　　　　　　　　　　　　（小島　道生）

> 楽しく愉快な30歳代

30代は「勤め人」のくらし

藤江　もと子

日常生活

　藤江真二郎（ダウン症，男）39才，養護学校高等部卒業後ファミリーレストランの厨房で勤続21年。勤務の日は（年中無休の店なので，日曜と木曜を除く週5日，朝9時から夕方4時まで働く）7時30分起床，8時20分に家を出ます。夕方5時頃には帰宅，新聞やテレビをみたりしながら一息入れます。7時からたっぷり入浴，その後仕事から帰ってきた父親と家族3人そろって夕食。親2人がビールやワインを飲んでも彼はウーロン茶一辺倒。大の巨人ファンでシーズン中はもっぱらテレビでの野球観戦，シーズンオフは旅番組やドラマ，ニュースなどをみて，夜更かしの親より一足先に10時には2階の自分の個室へ行き就寝。休日の木曜日はゆっくり寝坊し，昼は馴染みのラーメン店で普段とは逆にお客さんになるのが楽しみ。日曜日は，月に一度が「若竹ミュージカル*」の練習日，その他は父親も一緒にのんびり過ごすことが多い。こうして真二郎の勤め人としてのくらしは，無事平穏に，淡々と続いています。

　彼が小さかった頃は，敷地続きに祖父母が住み，家には兄姉がいる大家族でした。現在祖父母は他界し兄姉はよき伴侶に巡りあい家を出ましたが，お正月等には子どもとともに集まってきて大にぎわいします。真二郎叔父さんはお年玉を配って得意顔です。

余暇・趣味

　幼いときから音楽が大好きだった彼が，仕事と平行して継続してきたのが養護学校時代の仲間や先生と続けてきた若竹ミュージカルの活動です。学校卒業後の20年余，この活動は趣味とか余暇活動の域を超えて彼の生きがいとなり，レストランの仕事とともに車の両輪となって彼の人生をバランスよく支えてきました。心許せる仲間と練習日に会えることが職場でのストレス解消に役立つのみならず，皆でミュージカル上演という同じ目的をもって努力し達成感を味

ワシントンにて（2010年）

わう経験は，ともすれば変化が少なく停滞気味な彼の中年期に「ハレの日」を産み出し，明日への活力を与えてきました。

山歩きや旅行は親の趣味に付き合わせたのが始まりです。10代20代の頃は高い山にも登ったのですが，最近は親も年をとり真二郎も楽したいようで，半日歩いて後は温泉につかるというコースが人気です。外国旅行にもよく行きます。最初は親主導で行き先を決めていたのですが，あるとき突然「ワシントンに行きたい」「ホワイトハウスがみたい」といいだしました。毎日のようにテレビニュースに出てくる場所だから行ってみたくなったようです。一般のツアー客に加わってホワイトハウスや議事堂を眺め，ボストンやニューヨークも旅してきました。

幼いときのこと

真二郎は治療を要するような大きな合併症はなく元気な子どもでした。あふれんばかりの好奇心の持ち主，いいかえれば，多動，いたずら，自己主張の強い困った存在でもありました。しつけが悪い，親が甘やかしていると批判される中で，「いたずらでも一生懸命やる子はみどころがある」と励ましてくださった担任の先生の言葉は今も忘れられません。周囲にとって不都合な行動にも一理あるのではないかと思いながらも，当時はちっとも親のいうことを聞いてくれない息子の後を追いかけてくたびれ果てる日々でした。

現在の真二郎からはもうあの頃の「問題児」の面影はまったく感じられません。むしろ今は，多動といたずらで鍛えた体力，好奇心から生まれた新しい物事への適応力，自己主張が変化した自分の意思を伝える能力を武器に，厳しい実社会をたくましく生きています。

20年目のリニューアル

　2013年の1月から2月にかけて，設備が老朽化していた仕事先のレストランで40日間の大改装工事が行われました。他の従業員のようにその期間を別の店で働くというような小回りのきかぬ真二郎は，たまっていた有給休暇を使って長い休暇をもらうことになりました。なぜ休みなのか，彼の理解を深めるためにときどきは工事の進捗状況を確かめに行きながら，その間普段できないことをいろいろ楽しみました。東京スカイツリーにも上がったし，祖父母の墓参りに京都へ行き，ゆっくり観光もしてきました。温泉にも行きました。絵画や写真や織物の展覧会を訪れ，美しいものをたくさんみました。そして店のリニューアル開店のときには，真二郎自身もすっかり気分一新リニューアルしていて，以前よりずっと生き生きと働きはじめることができました。

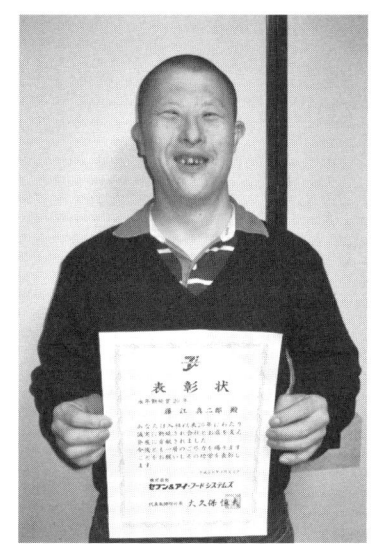

職場から「永年勤続賞20年」の表彰状をいただきました（2014年3月）

　同じ仕事を20年もやっていれば熟練するという反面，なんとなく本人にも周囲にもたるみが出ていたときだったので，絶好のタイミングでの長期休暇でした。疲れきってしまう前にしっかり休むことがこんなに効果的とは思いませんでした。偶然に休めた幸運に感謝しています。

　あれから1年経ち，今日も真二郎は元気に「勤め人」のくらしを続けています。

　＊若竹ミュージカルについて詳しくはホームページをご参照下さい。
　（http://homepage3.nifty.com/wakatakemusical/Toppage.html）

解　説

　真二郎さんが充実した日々を生き生きと過ごしている様子を読み，自分の生活よりもずっと豊かで充実していると思うのは私だけではないでしょう。

　仕事との両輪となっている，そして生き生き過ごす源ともなっている「若竹ミュージカル」は趣味の域を超えているように思います。自己実現と仲間を得ているとのことですが，その充実ぶりが伝わってきます。好きだから続けられるというのもあるのでしょうが，長い時間続けてきたことの重みを感じます。そのほかにも山歩き，海外旅行など生活の中にさまざまなスパイスが散らされています。

　世の中では数年で仕事を辞める人も多い昨今，勤続 21 年とはなんともすばらしいことです。仕事人としての 21 年のキャリアは相当の腕と周囲からの信頼を得ていることでしょうし，本人の自信にもなっていることと思います。こうした長年のキャリアの背景にあったのは，規則正しい生活，そして家庭での親子 3 人での晩酌。仕事が大変だったり，ときには嫌なこともあるでしょうが，晩酌による何気ない会話に憩いと明日への活力を養うのではないでしょうか。親が子どものことを「もう大人」と認めて近づきすぎず，しかし一方で離れすぎない，子ども時代とは異なる適度な心理的距離感が，「絶妙」だと思います。どこかでみてくれているという安心感が生まれるのではないでしょうか。

　40 日間のリフレッシュ。ちょっとうらやましいですが，しかしよくも思いきったものだと思います。休暇の理由を真二郎さんが理解しやすくするための，さりげない助け方も手慣れたものですね。幼いときのお話も幼児期にかかわる者への示唆に富んでいます。今後も健康で活躍されることをお祈り申し上げます。

（細川かおり）

> じっくり円熟味の40歳代

知的再発見の驚きと喜び

江上　尚志

はじめに

　私の次男・英光(ひでみつ)が札幌で生まれた頃の日本では「ダウン症者は20歳まで生きられない」という医師が多数いました。当時の親たちに"強迫観念"をもたせた医療者の責任は非常に重いと思います。それでも生活の中で学ぶこと（早期療育）によってダウン症をもつ人たちが知的に成長する（trainable）ことが少しずつ浸透していった時代でもありました。つまりダウン症をもつ人たちの成長は彼ら自身が獲得したものではありますが、親が社会を信じることで育っていったものの大きさも感じています。ダウン症児のための早期療育施設の自主運営から地域作業所と生活ホームの立ち上げ*まで続いた親である私の人生に、ダウン症の次男の人生が重なっています。

＊鎌倉市にあった聖ミカエル学院トレーナブルスクールの経営破綻の後を受けて、虹の子会ダウン症候群児療育センターの自主運営をスタートさせました（1984年）。その後、障害者地域作業所「虹の子作業所」（1993年）、生活ホーム「虹の子ハウス」（1997年）を立ち上げて職員に経営をゆだねるまで（2003年）続きました。

彼の1日

　次男の1日の生活スケジュールは比較的規則正しいものです。眠りが浅いというハンディキャップはありますが、父親ゆずりの生活リズムをもち起床から就寝までの時間を過ごしています。朝はおおむね午前6時頃には起床して、家の前の道路を掃除してから郵便ポストの新聞をとってきます。日曜日など休みの日であっても、「作業所」に行かないだけで過ごし方に大きな差はありません。勤勉という表現がピッタリの生活態度で、安定したリズムでくらすことを好んでいるようです。働くことで"給料がもらえる"ことが彼の生活で第一優先課題になり、作業所の旅行についてはいつの頃からか"行かない"という選択肢を選びました。休みの日でも家族と一緒に過ごすことを優先しているようです。

父の詩集出版記念パーティで

　趣味は音楽鑑賞といえばカッコいいのでしょうが，アニメ系の音楽を中心にサスペンス系のテレビドラマの主題歌などもよく聴いています。騒音を注意されてからはヘッドホンを着用して音楽に身を任せ自分自身に没頭できているようです。作業所での仕事の様子は生真面目で同僚がフザケ半分で仕事をすることが許せないと思ってもいるようです。自分の部屋で好きなテレビやゲームに没頭する時間や「誕生日ノート」（幼い頃から友人知人の誕生日を記憶するのが特技でした）を作成するのがリラックスできる時間のようです。後から述べるように好みのデザインでノートを埋めることが最近もっとも熱中していることでもあります。

　わが家では長い年月，彼を家庭の中心として過ごしました。彼が30歳代後半に入ってから長男が同居するようになり，その後に誕生した甥姪とのつきあいが大きな課題になりました。つまり家庭内で今まで自分が主人公であったのが，"かわいいけれど，自分ではない子どもたち"に主人公をゆずる経験をしているわけです。学習の結果かもしれませんが，甥の後に姪が生まれた頃になると気に入らない状況になりそうなときは自分の部屋に避難することを覚えたようです。

地域との交流と健康状態

　家の前を掃除する習慣はわが家の前にバス停ができることで地域の人たちが知ることになりました。彼の姿に「手を合わせています」という方もおられますが，なんといっても彼にとっては生涯の友だちに出会えたことが大きいようです。その方は父親である私と同年輩の方で，ご自宅のしだれ梅をみせてもらいながら交流を深めたところから友情が始まりました。その後，その方と次男（ダウン症に関係なく）との会話が始まります。やがて，その方は定年退職されて休日に一緒に近所の郊外レストランに出かけるようになりました。また運

動不足解消のためのウォーキングを一緒に楽しむようになりました。次男はその友人ご夫妻に心を許すようになり，ときどきはお茶をご馳走になったりして過ごしています。「英光君といると落ち着きます」といわれ，その方にしてみると彼といることで人生が豊かになるようなのです。その方の自宅の玄関に額装した彼の描いたデザイン画が飾られているのを発見したときには本当に驚いたものです。そして自分のみる目のなさを感じました。結果的に次男のデザインした作品は父親である私の5冊目の詩集「白銀比(はくぎんのうた)」の表紙を飾ることになりました。

　次男が40歳になったばかりのある日のことです。妻は「手がしびれる」という彼の言葉を聞いてかかりつけ医ではなく近所にできた総合病院の門を叩きました。「頸椎亜脱臼」という病名が若い医師の見立てでした。実はダウン症をもつ人は頸椎に弱点があるということをそれまで知らなかったのです。医師から「何もしなければ全身マヒになるかもしれない」と説明されましたが，映像をみながら説明する医師の姿をみて，彼は医師に対して「カッコいい」といって手術に合意していました。幼い時期に好んでバック転などをしていたことを思い出すとゾッとします。腰の骨を頸椎に埋め込み第一頸椎を微細なチタンのワイヤーで結ぶという手術を経てちょうど4カ月間の入院生活をしました。1カ月めからはハローベストという金具で首と肩とを固定して過ごします。耐え続けたことに驚くと同時に彼等が「痛い」といったときは「途方もなく痛い」のだということを痛感させられました。

　生まれたときはミルクを飲まずに母親を困らせましたが，青年時代からはプックリとした体形になっていきました。養護学校高等部を卒業して鎌倉市授産所（現在は社会福祉法人の通所施設）に就労した頃から体重の管理をシッカリするようになりました。太ることを避けるようにいわれ続けて，毎日の体重を計測することが習慣化されたものです。父親がダウン症児のための療育訓練施設の自主運営に携わっていた関係から，地域作業所を創立したときからその新しい作業所に通うようになりました。その後ウィークデーは生活ホームで過ごすようになりましたが，帰宅すると父親から体重が維持されていることをほめられるのが嬉しいようです。

交友関係など

　次男には実に多くのダウン症の仲間がいます。長い人は幼稚園の時代からのつきあいですから実に30年以上になります。両親が親の会活動を続けてきたこともあって長く続いた交友になっています。ところが，彼にとって好ましい人間関係はボランティアさんであったり支援員であったりします。つまり，健常の人との交際を求めているようです。その集大成というような意味でも先ほど述べた友人との関係を大切にしています。

　作業所の仕事には熱心に取り組んでおり，さおり織とよばれる手織りのマフラーは配色のおもしろさからよく売れるようです。ただし，周囲の仲間が仕事中に遊んでいる姿には我慢ができないようでときどき悶着もおこしているようです。私が作業所の所長を経験したときは現場のことは現場に任せるようにしてきましたし，途中で職員に運営をすべて任せるようになりました。作業所が20年余継続していることが成果であると考えています。

　次男にとって数やお金を数えることは不得意ですが，チャージが不足して運転士に叱られたことなどから，お金がないと困ること，公共交通機関でのSuicaの使い方などを日々学んでいるようです。

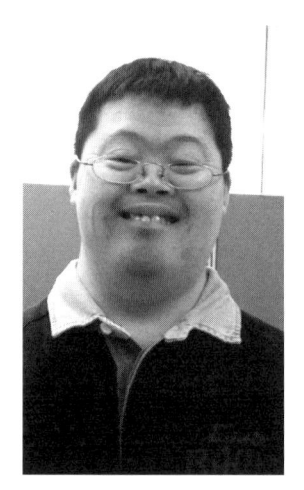

42歳の笑顔

解　説

　人生の中で40代は一般に比較的安定した時期といわれています。学校を卒業し成人した後，大人としてそれなりに長い時間社会人として経験も積み，知恵を蓄えていく時期ともいえましょう。英光さんの生活を読み，英光さんが仕事に生活にと生き生きと過ごしている様子が伝わってきました。成人して，大人として自分から考えて，自分で生活や楽しみをつくっていく姿にとても魅力を感じました。とくに近所の方との間の深い交流は，双方にとって楽しみであり，豊かな時間だと思います。大人にしかできない人生の味わい方かもしれません。

　40代といえばそれまでにさまざまなライフイベントを経験することになります。英光さんも兄との同居，甥姪とのつきあいなどを経験されていますが，楽しい側面がある一方で家族内の関係が変わるため本人が思う以上のストレスとなることもあります。英光さんは自分でそのストレスへの対処法を会得しているとのことで，これまでの経験による知恵といえましょう。

　生活が規則正しいことは，安定して過ごせることにもつながると思われます。現在ウィークデーは生活ホームで過ごしていますが，「一人暮らし」は英光さんの大人としての気持ちや生活に好ましい影響を与えるだけではなく，親子の関係にも好ましい影響を与えていると思われます。仕事も英光さんにちょうどあった内容や量で，また趣味のデザイン画は相当な腕前の様子ですね。好きな趣味を続けていくことは英光さんの生活の豊かさをつくっている1つにもなっています。

　40代はその一方で以前と同じようにはできない面があり，体力の衰えを感じるとか，健康にも注意を払ったほうがよい年齢でもあります。英光さんも体重管理をしたり，頸椎亜脱臼という病気も体験されています。今後は健康管理を上手にしながら元気に仕事をし，そしてますます生活を楽しんでほしいと思います。

（細川　かおり）

> まだまだ意欲的な50歳代

まだまだ笑顔で

京林　由季子

　ダウン症である兄が左股関節手術のため入院したのは51歳のときでした。40代後半より足を引きずるようになり，病院で年1回経過観察をしていましたが，このまま放っておけば歩けなくなるといわれ手術を行うことが決まりました。兄には重度の知的障害がありますが，幸い健康には恵まれていたため，この手術は兄にとって人生で初めての入院・手術となりました。

　兄は，養護学校（現在の特別支援学校）を卒業後，自動車部品工場に就労していましたが35歳のときに退職しています。退職後は両親とともに在宅で過ごしていますが，時間にこだわりがあることもあり，起床，食事，就寝といった生活リズムはほぼ一定に保たれています。手術前までは，家庭ではビデオや音楽，勉強（の真似事），自転車などを楽しみ，週3日ほどは移動支援や日中一時支援を利用しながら，福祉センター内のアスレチックルームに通っていました。とくに，アスレチックルームで運動しながら地域の常連さんたちとふれあうことは兄の大きな楽しみの1つでもありました。

　手術が決まってからは，足に負担がかからぬようにアスレチックルームでの運動種目を減らしたり，階段，坂道，歩く距離にも配慮しました。しかし，足が痛いためか，今まで行っていたことができないストレスからか，食べ物の好き嫌いが激しくなったり，ときおり大声を上げたりするようになりました。

　手術そのものは無事に終了しましたが，本人の理解が難しく，麻酔から覚めたときには起き上がろうとして暴れ，医師が3人がかりで押さえ込むほどでした。6週間の入院生活でしたが，両足を拘束されていたため機嫌が悪く，出された食事も少ししか食べませんでした。

　退院して自宅に帰り，自分の部屋に入るとすぐに手に届くものを投げはじめました。午前中はおとなしいのですが，午後になると発作的にものを投げるため目が離せない状態となり，退院から4日めには心療内科を受診し薬を処方してもらいました。薬が効くと顔つきも穏やかになり，ものも投げなくなりまし

た。その後薬は徐々に減らしました。

　手術後の経過ですが，身体の回復は順調で，3カ月めには杖なしで歩けるようになりました。歩行や入浴，着替え等，身体の自由がきくようになるにつれストレスも少なくなり，以前のように穏やかに過ごせる時間も増えてきました。歩

自転車で散歩

行がしっかりしてから日中一時支援の利用を再開しましたが，アスレチックルームには誘っても行かなくなりました。そこで何か楽しみになるものをと両親が考えて，大人用三輪自転車（前二輪）を購入し，少しずつ練習しました。数カ月で乗りこなせるようになってからは，1日に7〜8回も自転車で出動し自宅周辺を走ってきます。最近では，出動するときに「買い物行く」というので，母が「みかんとコーヒー買ってきて」と返すなど，ごっこ遊び的な発展もみられます。

　しかし，手術から2年が経過したものの気になることがありました。それは，退院後も体重が減り続け，入院前と比較すると10kg近く減少したことです。病院でCT，胃カメラ，MRIとさまざまな検査をしましたが，とくに異常なものはみつからず，甲状腺機能低下症との診断で治療を始めたところです。

　手術後の生活の変化が兄の精神面に与えたストレスは想像以上に大きかったようです。穏やかで人なつっこい兄の性格や行動が大きく変化してしまったときには，私たち家族もとまどい不安になりました。それでも，家族として，兄のそのときどきの状態を認めつつ，共感の言葉をかけたり，本人の選択を尊重したりしながら働きかけを続けたことや，若い頃から身につけた習慣や好きなものがあったことがよかったのでしょうか。50代であっても，身体面に比べ時間はかかりましたが精神面も回復していくことを実感しました。現在は，ようやく体重の減少が止まり，体調もよくなりつつあるのでしょう。食事の好き

嫌いも減り，笑顔やおしゃべりも多くなってきました。

　最近は，私が実家を訪問する度に「先輩がいる。ちょこちゃんに会った」と，兄がデイサービスの報告をしてくれます。これまでは「Aさんがお迎え（に来た）」など，支援員さんの話が多かったのですが，半年ほど前から女性の利用者さん"ちょこちゃん"，男性の利用者さん"先輩"の話がよく出ます。中でも"ちょこちゃん"は大のお気に入りらしく，"ちょこちゃん"に会うためはりきってデイサービスに通っているようです。

　それから，兄が今大事にしているものは男性歌手（小学校以来の大ファン）のコンサートのチラシです。チケットも予約し3カ月後に行く予定なのですが，チラシを大事そうにもち，デイサービスの皆さんにもみせびらかしているようです。

　兄の体重がもう少し増え，元気になって大好きな歌手のコンサートに出かけられるようになることが今の家族の目標です。

　わが家の場合は，幸い両親とも健在のため家族で協力して兄を見守ることができましたが，両親の高齢化は否めません。地域にある福祉や医療の力をお借りしながら，家族が無理しすぎることのないように兄の生活を支えていきたいと思います。

母と公園にて（手術したら背が伸びた）

解　説

　医療や福祉，教育の進歩により50代になっても元気に地域で生活するダウン症者が増えてきました。京林さんのお兄さんも病気から回復して好きな自転車を乗り回して，地域で元気に生活しています。50代になると病気にかかる人もみうけられ，また体力との関係で仕事量への配慮など，これまでとは異なる人生のステージの中で新たなかかわりが求められるようにも思われます。

　お兄さんは股関節の痛みで以前と同じように体が動かなかったこと，術後にすぐには動けないことへの理解がなかなか難しく，また以前と同じように動けないことの不愉快さを「ものを投げる」などの行動で表現したため，家族も大変だったことと思います。しかし投薬しながら，家族の共感的なかかわりや，若い頃から身につけた生活習慣や自分なりの楽しみがあったことなどを手がかりにまた穏やかな地域での生活を再開しています。中でも「大人用の三輪車」はお兄さんの最大の楽しみとなっており，こうした「楽しみ」をみつけることやその援助が，「まだまだ笑顔」の秘訣といえるのではないでしょうか。

　お兄さんが幼児期から培った人間関係を築く力は，ここでも発揮されています。新しい場に行き気の合った友だちをみつけられる力，そして一緒に楽しめる力は健在です。こうしたことがまた人生を豊かにしているのだと思います。

　お兄さんが地域で元気に生活されている様子を読ませていただきましたが，いったい誰の話を読んでいるのだろうという気持ちになりました。もちろん家族のきめ細かい配慮はあるものの，我々と同じように地域で生活し，また生活の楽しみをみつけて豊かにくらしていらっしゃいます。それこそが元気にくらす秘訣かもしれません。

（細川　かおり）

第2章

成人期以降の発達
~生涯発達タイプ別の特徴~

成人期以降のダウン症の人を巡っては，どのような支援の課題があるのでしょうか？　また，そもそもダウン症の人は，成人期以降どのような発達を経過するのでしょうか？　第2章では，これまでの研究成果により明らかになってきた成人期以降のダウン症を巡る諸課題と発達のタイプについて解説します。以前より，成人期以降のダウン症の人については，早期老化現象やアルツハイマー病の発症などが指摘されてきました。また，急激退行，さらには精神・神経症状なども報告されており，こうした症状に対応していくことが課題となっています。まずはこれらの課題について解説し，続けて生涯発達のタイプについて述べます。それぞれのタイプへの理解を深め，効果的な支援へつなげていきましょう。

近年,「生涯発達」という観点が,知的障害者に関する研究や支援の分野においてもかなりのスピードをもって広がりをみせています。その背景には,わが国の長命化・高齢化の傾向が知的障害者においても同様に生じていること,それにともなって,成人期,老年期の支援や,それを支える知的障害者の成人期,老年期に関する基礎的研究が課題となってきたこと,そして,学齢期の教育が整備・確立され,さらに乳幼児期においても早期発見・早期対応が地域を問わず整備・充実してきたことなどがあると考えられます。

知的障害者の研究や支援における生涯発達の観点とは,従来は主要な対象を青年期ないし成人期までのライフステージとしていたのに対し,その範囲を老年期までの一生涯にわたるライフステージにまで広げたことと,そのライフステージの範囲における発達的変化の過程をすべて研究や支援の対象とすることを意味します。したがって,そこでの発達的変化はかならずしも能力や機能の増大や新たな行動や機能の獲得といった優れた状態に向かうことに限るのではなく,低下・衰退,喪失の過程も含むこととなります。

ところで,知的障害の中でもダウン症は,従来,短命であることが常識とされ,彼らにとっては宿命的なものであるとさえ考えられてきました (Masaki, et al., 1981)。確かに,ダウン症はさまざまな合併症を併せ有することが多く,その中には心臓疾患のように生命予後に直接関係するものも多くあります。しかし近年,健康管理や,社会的あるいは福祉政策上の処遇改善,さらに,それらを支えている社会経済の発展が社会全体の長命化の傾向を促進するのにともなって,ダウン症においても他の原因による知的障害同様,長命化・高齢化がもたらされるようになってきました。これによってダウン症においても成人期がもっとも長いライフステージとなりました。それにともなって,ダウン症の成人期の問題,とくに加齢にともなう老化(個体の生命過程において成熟期以後に起こり,加齢にともない生じる生体機能の低下・減衰)の問題が顕在化してきました。

ダウン症における加齢問題の1つに,一般の年齢基準と比べて早い時期から生じる早期老化があります。さらに,この加齢にともなう老化の問題に加えて,近年,成人期ダウン症者の保護者をはじめ,支援にかかわる者にとってもっとも心配事であるのが急激退行です。ここでいう急激退行とは,菅野

(1997, 2005) などから「いったん獲得, 到達した日常生活の適応水準が, 何らかの原因で比較的短期間のうちに低下し, 以前の, 獲得前の状態に戻る（なお, 特定の疾病診断を受けた者は除く）」と定義することができます。急激退行は, 青年期から成人期のダウン症者の一部に現れるダウン症に固有の状態であり, その実態や発症メカニズム, そして支援方法が重大な関心事となっています。さらに, 予防という視点でダウン症の療育や教育を考えたとき, 幼児期や学齢期からの子育てや教育にも関連する大きな問題であり, 具体的な予防策や支援策が早急に求められています。加齢にともない生じるこれらの問題は, ダウン症者の生活機能水準や適応水準に低下や衰退を引き起こし, 生活場面においては, それまで正確にできていたことが雑になったり, これまで以上に時間がかかるようになったり, ときにはできなくなってしまうということで, 本人だけでなく周囲も一緒に生活していく上で, 精神的な面も含めさまざまな困難をきたすことになります。

　第 2 章では, ダウン症の成人期以降におけるこのような発達的変化に関し, (1) ダウン症の早期老化, (2) ダウン症とアルツハイマー病, (3) ダウン症の加齢にともなう精神・神経症状, (4) ダウン症の老化に対する環境要因, (5) ダウン症者の急激退行, (6) 急激退行の原因, (7) 成人期のダウン症における生涯発達的な特徴, (8) 成人期ダウン症者にみられる生涯発達のタイプ, から解説し, 成人期以降の発達を考えます。

1 ダウン症の早期老化

　ダウン症を対象にした老化研究は, Jervis (1948) が痴呆と老人性精神病様症状を呈して死亡したダウン症者 3 例（死亡年齢 37 〜 47 歳）の脳に老人性痴呆様の所見を認めたと報告したことに始まります。この報告以後, ダウン症の早期老化現象は広く知られるようになり, 関心がもたれるようになりました (Dalton & Crapper, 1977 ; Silverstein et al., 1986 ; Zigman et al., 1987 ; Fenner et al., 1987 ; Haxby, 1989)。

　わが国におけるダウン症を対象とした加齢にともなう老化の研究は, 1980 年代に知的障害者が長命化し, 施設入所が長期化するのにともない, 施設での

処遇のあり方を検討するために国立精神衛生研究所が知的障害者を対象として一連の研究を行った中に，ダウン症も対象の一群として取り上げられたことに始まります（櫻井ほか，1980，1981，1982，1983，1984；櫻井，1987）。加藤・桜井（1980）は，ダウン症に関して，外観や動作，生活態度面での加齢にともなう変化の実態は，40歳を超える頃より顕著になり，ほかの原因による知的障害と比較して成人期の比較的早い時期から老化傾向があると報告しました。一方，老化の現象面に焦点を当てた研究は，医学の分野に始まります。その主な研究は，内分泌機能の加齢にともなう変化（兜，1979），加齢による脳波の変化（花田ほか，1978），脳波とCTスキャンとの相関の検討（魚橋ほか，1979），加齢と免疫の障害との関係（早川，1985，1989），加齢と免疫・代謝異常との関係（飯沼，1992）等がありました。さらに，アルツハイマー病との関連から，頭部MRI，CTスキャン所見（村田ほか，1993a；丸山ほか，1995）や脳代謝学的検討（村田ほか，1993b）等，多くの報告がなされるようになりました。それらの結果も，ダウン症はほかの知的障害と比較して，より早期から老化徴候が出現するというものでした。

② ダウン症とアルツハイマー病

　Jervis（1970）は，ダウン症が異常に早く老化し，動作や生活態度においても加齢にともない早期から変化が生じる原因を究明することの必要性を強調しました。その理由としてJervisは，「究明の過程で老年性痴呆との共通した生物学的機構を明らかにできる可能性のある」ことを指摘しました。また，「40歳代から60歳代で死亡した23名以上のダウン症者の脳病理所見に，老人斑，アルツハイマー神経原線維変性，神経細胞のSimchowicz顆粒空胞性退行変性といった変化があった。また全例の3分の2の脳には，種々の部分にカルシウムの沈着があった。これらの組織学的変化は，老年性あるいは初老性痴呆に特有のものであるが，染色体異常のない者よりかなり早期に起こるものと考えられる」と報告しました。以来，多くの研究者がこの問題に取り組み，1990年代には不幸にも「40歳を過ぎるダウン症者の脳は老人斑や神経原線維変化といったアルツハイマー病と病理学的に類似の変化をきたすようになる」とまで

結論する意見が出されました（Lai & Williams, 1989；Evenhuis, 1990；高嶋, 1990；木戸・高嶋, 1992）。

さらに，家族性アルツハイマー病の遺伝の原因が21番染色体上にあることが判明し，アルツハイマー病を遺伝子の面から解明する取り組みの中で（St. George-Hyslop et al., 1987；Tanzi et al., 1987），ダウン症も，同じ21番染色体の異常という明確に規定された障害であり，しかもダウン症においてもアルツハイマー病が高率に発症していることから，老人性の認知症や老化の機序を明らかにする上で貴重な症例としてアルツハイマー病との関係が研究されるようになりました（Berg & Miller, 1993）。ただし，その後の追試研究では，両者の関係を否定する結果も多く，近年，ダウン症をアルツハイマー病との関連から研究するような取り組みはかなり少なくなりました。

一般に，アルツハイマー病の主要な臨床症状として，記憶力低下，視覚的記銘力障害，認知障害，人格変化があります。しかしこれらは，脳内変化よりやや遅れて現れるため（Lai & Williams, 1989；Evenhuis, 1990），臨床症状からアルツハイマー病の発症時期を特定し，早期に対応することには困難があります。一方，ダウン症における認知症の初期症状として，行動面における無欲状態，会話の減少，身のまわりの不潔等と，感情面における易興奮性，感情不安定等が指摘されています（Wisniewski et al., 1985；Lai & Williams, 1989）。これらはアルツハイマー病が進行した段階で現れる症状とも一致します。しかし，ダウン症におけるこのような臨床症状がアルツハイマー病によるものなのか，あるいは，ほかの原因により生じた症状であるのかを鑑別することには困難があります。さらにダウン症の場合，知的障害を併せ有することから，アルツハイマー病による初期の変化に気づくこと自体にも困難が多いのです。したがって，ダウン症のアルツハイマー病やほかの原因による認知症の早期発見・早期対応には，臨床所見をさらに整理し，診断基準を作成することが必要であり，そのための基本的な知見の収集のためにも定期的な医学検査の実施が重要となります。

③ ダウン症の加齢にともなう精神・神経症状

　加齢にともない動作や生活態度において生じる変化に関して，Jervis（1970）は，「抗生物質の開発で，ダウン症の寿命は2倍に伸びた。現在，ダウン症の約20％が30歳を超えて生きているが，（中略）これらの者を観察すると，快活な性格から不機嫌で陰うつな性格へ，従順な態度から興奮しやすく攻撃的な態度へ，きちょうめんな性格からだらしない性格へといった変化が起こる。また，無口になることが多くなり，粗大振戦，協同運動失調，反射の変化などの神経学的徴候が出現することもある。このようにダウン症では加齢にともなって，さまざまに低下・衰退することによる老人特有の性格特性（The senile character of the deterioration syndrome）が現れる」と報告しました。外見上の変化とともに，このような精神・神経症状の出現や，動作や生活態度に現れる変化について調査等を通して把握していくことは，加齢にともない老化し，生活機能水準を低下・衰退させていく彼らに対する支援方法を開発する上で重要です。さらに，加齢にともなう変化の過程・経過を把握していくことは，老化徴候を早期に発見し，ADL（Activities of Daily Living：日常生活動作）など生活機能水準の低下に対し，早期対応を可能にするものと考えます。

　わが国で青年期・成人期ダウン症を対象にして，精神面の問題の実態を調べた研究では，ダウン症者には，青年期・成人期に至る20歳前後から30歳代にかけて行動，性格，態度にそれまでとは異なるさまざまな変化が起こっていることが明らかにされています。この年齢段階は，加齢にともない外見上に老化徴候が現れはじめる年齢に比べて10年以上も早いもので，かならずしも加齢にともなう老化と同じ原因によるものとはいえない変化と考えられます。具体的な症状としては，10歳代後半の青年期ですでに「内に閉じこもりがちになる，情緒的に不安定になる，寝つきが悪い，無気力」といった症状を示す割合が高くなっています（池田ほか，1989a）。さらに20歳を超え，成人期に至ると「決められたことに遅れたりさぼったりする，欲求不満をうまく処理しない，食べ過ぎる，内に閉じこもりがちである，爪かみ，指しゃぶり，歯ぎしり，嫌なことがあるとその場からいなくなる」（菅野，1997）と，青年期と共

通するところの多い症状ながらも，より多様で深刻な症状が報告されるようになります。また，自閉症の特徴とされている，いわゆる「こだわり」もみられ，その「こだわり」が，自閉症同様に，日常生活に支障をきたすほどに及ぶという報告もあります（菅野ほか，2004）。しかも，彼らにみられるこだわりの具体的な内容としては，「ものの位置へのこだわり，道順へのこだわり，戸の開閉へのこだわりなど」視空間に関するもの，「日課へのこだわり，時間へのこだわりなど」時間順序に関するもの，「過度の手洗いや儀式的歩行など」があり，自閉性障害の診断基準にも当てはまるものでした。

　これら青年期・成人期の精神面の問題は，彼らの日常生活の機能水準の低下を引き起こし，その結果，周囲はかなりのつきあいづらさや，一緒に生活する上での困難を感じていることがうかがえます。さらに，彼ら自身においても生活上，さまざまな支障をきたしていることが予測されます。このような精神面の問題を原因とした生活機能水準の低下は，成人期ダウン症においてかなり一般的に生じていることが考えられます。

4 ダウン症の老化に対する環境要因

　老化傾向に対して，対象となるダウン症者が入所施設を利用しているのか，あるいは地域で生活しているのかという環境の違いは，大きな要因となることが考えられます。柄澤ほか（1989）は，20歳以上の施設入所をしているダウン症者を対象に，心身の機能に及ぼす加齢の影響を調査しました。その結果，これまでの研究同様，ダウン症では外見的な老化の指標が顕著に高いことを報告しました。一方，池田ほか（1989a，1994）は，近年増加し，すでに一般的となっている処遇の形態である，地域で家族とともに生活し，通所施設に通うダウン症者を対象に，彼らの早期老化傾向を個別に面接し，調査しました。その結果，一般的に老化徴候とされる白髪や皮膚のしわは，20歳代でもわずかに現れるものの，より顕著になり老化度の評価基準を超えるのは，さらに加齢を要し，30歳代後半から40歳代に至ってでした。一方，動作や生活態度における低下や退行は，やや早く30歳代ですでに気づかれはじめていました。このように領域により老化徴候の発現年齢にずれが生じている原因として，医療

技術の進歩，余暇スポーツへの関心の高まり，健康的な食生活などへの配慮が進む中で，時代的な背景のもと，社会状況の変化にともなう教育制度の確立，福祉資源の整備など環境要因の変化が考えられます。

　一方で，池田ほか（1989a，1994）の調査において対象となった地域で生活するダウン症者の多くに，精神的ストレスによるものと考えられる行動問題が認められました。しかもその中には，うつ傾向やそれにともなう機能の低下に至る者もかなりいました。しかし，適応上問題となる行動が，環境の異なる入所施設利用者においてどの程度出現しているのかは明らかではありません。ダウン症者の心理機構を明らかにし，今後の彼らの処遇を考える上で，環境要因の違いが及ぼす影響を明らかにすることは，重要な課題といえます。

５ ダウン症者の急激退行

　急激退行は，加齢にともなう老化・退行や，身体疾病・疾患，精神疾患を原因とした退行とは直接的な関連がみいだせない退行です。年齢的には20歳前後のダウン症者に発症し，日常生活の適応水準の低下が急激に生じるもので，具体的には，急に元気がなくなり，引きこもりが始まり，日常生活のさまざまな適応に困難や支障が生じる（菅野ほか，1997a，1998a，1998b）というものです。

　20歳前後の青年期から成人期のダウン症者に急激退行を示す症例が一定の割合で出現することを体系的・組織的に報告したのは菅野・橋本（1993a，1993b，1995），橋本・菅野（1993，1995），横田ほか（1993）です。急激退行の症状を呈したダウン症者を調査してきたこれらの報告によると，急激退行の主な症状として，動作・行動面では，動作緩慢，表情が乏しい，会話の減少，パーキンソン病様の姿勢異常（前屈みの姿勢，小刻みな歩行），対人面では，過緊張ないし対人関係不能，情緒・性格面では，興味喪失，頑固・固執傾向，興奮，身体面では，睡眠障害，食欲・体重の減少，失禁等があります。

　この急激退行は，ダウン症の心身機能に加齢がいかに影響を及ぼすかを検討した柄澤ほか（1989）が，「少なくとも（ダウン症者は）40歳代までは，加齢にともなう粗大な心身機能低下はみられないのが普通だと思われる。もっと

も，少数ではあるが，顕著な自発性低下や性格尖鋭化の出現に気づかれたケースがあった」と報告した症例と共通の症状とも考えられます。また，杉山・山中（1989）の「青年期に達したダウン症者の中に，急激に生活能力の大幅な退行を示す一群『青年期退行』がみられる」と報告した現象とも共通点が多くあります。しかし，急激退行が，①ダウン症者に固有の現象であるのか，②いかなる素因をもつダウン症者が発症に至るのか，③いかなる条件により発症に至るのかは，明らかでありません。ただ，どの症例も，共通して20歳前後に発症していることや，CTスキャンをはじめとした医学的検査において特定の所見が確認されていないことから，ダウン症の心理機構に密接に関連し，しかも加齢を1つの要因として，生涯発達の特定の時期に生じるものであることが推測されています。

　さらに菅野・橋本（1993b）は，4例の急激退行者の発症以降の経過を調査した結果と，小笠原（1985）による加齢にともなうダウン症者の心理的変化を横断的に調査した知見とを合わせて，急激退行の経過は，3期に分けられることを示唆しました。すなわち，「初期はうつ病様の引きこもりに始まり，続く中期に至って行動面における無欲状態，会話の減少，そして感情面における易興奮性や感情の不安定が現れ，さらに進行にともない，後期に至るとADL面に介助が必要となり，感情のやりとりが困難となったり，知的能力の低下もはっきりしてくる場合もある」というものです。これらは各期の心理的特徴から，退行初期—うつ病様期，退行中期—老化退行期，退行後期—痴呆（認知症）期と称されました。しかし，退行を示したダウン症者が，この3期をすべて同じ速度で経過するわけではありません。さらに，この3期には健常老人が認知症に至る過程で示した症状と共通の症状もあることから，加齢にともなう現象であるという推測もまた成り立ちます。したがって，健常老人にアルツハイマー病や脳血管障害等による認知症の型があるように，ダウン症にもさまざまな原因による退行のタイプがあると考えられ（菅野ほか，1995a，1995c），急激退行はその中の1つと考えることが現状では適切な解釈といえるでしょう。

⑥ 急激退行の原因

　地域の通所施設に所属するダウン症者424名（19〜49歳）について，担当の職員を対象にアンケート調査した池田ほか（1993）によると，「能力の低下が著しい者」とみなされたダウン症者は，16.7%でした。さらに，地域の作業所から無作為に抽出した40名（21〜49歳）のダウン症者に直接面接，調査した池田ほか（1994）では，3名（7.5%）の退行者が出現していたとしています。アンケート調査と直接の面接検査という方法の違いなどを考慮しても急激退行はダウン症において10%前後と高率に出現していることが考えられます。さらにそこから，急激退行の原因としてダウン症に固有の生物学的，心理学的機構があることが推測されます。

　急激退行は，症状，心身機能への影響，経過に関して研究が進められ，さらに，その原因に関して3つの仮説が立てられています（菅野・橋本，1993b）。

　仮説①：急激退行は，うつ病あるいは初老期うつ病の初期症状であり，それに仮性痴呆様状態が随伴したものである。

　仮説②：急激退行は，器質性痴呆の初期症状であり，それにうつ病様状態が随伴したものである。

　仮説③：急激退行は，心理・適応上のストレスによって生じた抑うつ状態である。

　急激退行現象は，ダウン症の成人期の問題としてはかなり中心的な課題であり，海外でも数々の研究が行われています。それらの研究で採られている仮説は大きく，うつ病の罹患を原因とする仮説（上記の仮説①と共通）（Myers & Pueschel, 1991）と，アルツハイマー病の罹患を原因とする仮説（上記の仮説②と共通）（Rasmussen & Sobsey, 1994；Burt, et al., 1995；Margallo-Lana et al., 2007）の2つに分けられます。

　また，仮説①，②が急激退行を少なからず加齢にともなう老化の一種と考える立場であるのに対して，仮説③は，心理・適応上のストレスといったかならずしも加齢にともなう老化と直接関連しないものを原因と考える立場です。ダウン症者は，幼児期や学齢期という早期から，心理・適応上の問題がストレス

となっているのではないかと考えられる脱毛，吃音等の神経・精神症状などの多くの心身症的症状を呈していることが知られています（田中，1992）。急激退行の原因を心理・適応上の問題によるストレスに求める立場は，ダウン症者のこの種のストレスに対する耐性が弱いのではないかと推測し，幼児期や学齢期に現れた神経・精神症状と急激退行とを類似ないし同質のものと考える立場です（杉山・山中，1989）。一方で，ダウン症者の精神・神経症状を早期老化との関連で調査した池田ほか（1989a）においても，「青年期以降，20歳代のダウン症者に精神的ストレスによると思われる問題行動，神経・精神症状を呈する者が多く見られる」ことが報告されています。そのことから，池田ほか（1993）は，「言葉で自分の気持ちを十分に表現できないことの多いダウン症者の場合，加齢にともなう精神衛生の在り方も考えねばならない」ことを強調しました。成人期ダウン症者に，地域で生活していくことのストレスや職場でのストレスがどのように作用するのか，さらに，それらは学齢期のストレスとどのように異なるのかを明らかにすることは，成人期ダウン症者の生活を考え，支援を考える上で極めて重要です。また，加齢にともなって彼らのストレス耐性に変化が生じるのか，さらに，ストレス耐性は学習によりどの程度まで形成され，強いものへと変化するのか等の課題も残ります。

　また，ダウン症者には，青年期以降，成人期において，うつ傾向を示す者が高率におり，中には機能低下にまで至る者がいることが報告されています（Szymanski，1984；Warren et al.，1989；Storm，1990；Myers & Pueschel，1991；Burt et al.，1992）。これらの文献で，うつ病と診断された者の割合は5～20％程度でした。また，327名のダウン症者を調査したCollacott（1992）によると，うつ病と診断されたダウン症者の初発年齢は，29.2歳とかならずしも高齢といえる年齢ではありませんでした。この年齢から，うつ病にともなう機能低下は，加齢にともなう機能低下とは異なるものと推測されています。しかし，池田ほか（1993）は，地域の通所施設に所属する424名のダウン症者において，周囲の者が生活機能の低下に気づきはじめる年齢として，やはり30歳前後という年齢を得ています。このことから，うつ病にともなうと考えられている生活機能の低下に，加齢がまったく関係していないと結論するには問題が残ります。また，ダウン症のうつ病診断に関しては，彼らが知的障害を併せ

有することから，診断が曖昧で不正確になるという問題があります。さらに，これら多くの研究では，研究方法として資料の分析やアンケート調査等が主でした。また，たとえ直接面接調査した研究であっても，結果は症例報告にとどまり，精神医学的ないし心理学的な検討はほとんどなされていないという課題も指摘できます。

　以上より，ダウン症の問題は，成人期・老年期を対象とした加齢にともなう問題へと中心が移る傾向があり，認知症などの精神科的疾患の問題にまで展開してきています。しかし，加齢や認知症にともなうさまざまな機能や能力の低下や衰退の過程を明らかにする取り組みは未だ十分に行われているとはいえない状況にあります。したがって，残念ながら急激退行の原因に対する結論はみいだされていないのが現状です。

7 成人期のダウン症における生涯発達的な特徴

　成人期のダウン症の生涯発達的な特徴を明らかにするために，加齢にともなう生活機能の低下や早期老化傾向などの変化を調査するとき，生活機能におけるどのような機能に注目し，何の変化を測定・評価するのかによってその方法は異なります。考え得る測定・評価項目には，①身体に現れた外見上の変化，②体力・運動能力および知的・認知機能の変化とその特徴，③行動の変化とその特徴などがあります。

　ところで，生涯発達の視点に立ち，ダウン症の特性に関して明らかにしようとしたこれまでの研究では，ダウン症児は問題行動が少なく，発達の領域間に偏りが少ないため，知的障害児の中では教育によって順調に発達する対象とされてきました。一方で，成人期以降のダウン症者をみると，加齢にともない問題行動が顕在化するだけでなく，変化の現れ方，とくに能力の低下・衰退に代表される退行の現れ方にはいくつかのタイプがあり，その中にはダウン症に固有の退行と考えられるものもあることがいわれ，臨床的にもよく経験します。

　臨床精神医学の立場から成人期ダウン症者の特徴をみいだすために調査を行った小笠原（1985，1987）は，ダウン症者の加齢にともなう変化には一定の症状や傾向があり，さらに一定の経過をたどることを報告しています。その中

で，比較的若年期にみられる状態像は，感情面や集団の中での適応性の問題に特徴があります。これは，古くから知られており，近年でも臨床現場からの報告がとくに多い情緒的な不安定さやひきこもり傾向と関連する成人期ダウン症者の性格・行動傾向であり，状態像です。この時期に引き続き，さらに加齢にともなう変化が進むと，意欲の低下や緩慢さといった状態が現れはじめます。これらは，運動や活動量といった能力の低下と直接結びつくものです。しかし，日常生活基本動作である身辺面で介助が目立って必要となり，知能面の低下もはっきりしてくるのは，さらに低下・衰退が進み，状態像においてもぼんやりとして意欲のない，発動性のまったく低下した状態にまで進行してからとされています。このように，小笠原（1985，1987）の研究結果から，性格・行動傾向の変化および能力の変化は，加齢にともなう状態像の変化を評価するのに重要な指標となりうることが示されました。以上のことから，ダウン症者の成人期以降の発達的な変化を記述するための測定・評価の指標として，①外見上の老化徴候の変化，②諸能力の変化，そして，③性格・行動傾向の変化が考えられます。

そこで，8節ではダウン症の成人期以降の諸機能・能力，諸特徴の発達的な変化を評価し，成人期以降のダウン症者をいくつかの生涯発達のタイプに分類し，各タイプの特徴を解説します。

8 成人期ダウン症者にみられる生涯発達のタイプ

菅野ほか（1997a）は，平均年齢28.05歳になる418名の成人期ダウン症者（年齢構成は20歳代278名，30歳代104名，40歳代36名／男性221名，女性194名，無記入3名）を対象に，①外見上の老化徴候，②諸能力の変化，③性格・行動傾向の変化の3つの指標から評価を行い，成人期ダウン症者にみられる生涯発達のタイプを以下の3群に分類しました。【2以上G】：各指標で加齢にともなう変化の著しい群，【1G】：加齢にともなう変化がわずかにみられる群，【0G】：変化の認められなかった群。

表2-1は，外見上の老化徴候の程度を分類した結果です。【0G】の平均年齢が26.3歳，【1G】が29.0歳，【2以上G】が34.0歳と，老化徴候の出現の多

表2-1 「外見上の老化徴候」の程度と平均年齢

老化徴候程度		人数（名）	平均年齢（標準偏差）
0G	男性	129	26.3 (5.7)
	女性	125	
	不明	1	
	計	255	
1G	男性	56	29.0 (6.7)
	女性	44	
	不明	0	
	計	100	
2以上G	男性	36	34.0 (7.9)
	女性	25	
	不明	2	
	計	63	

出典：菅野ほか（1998a）

表2-2 「能力の変化（低下）」の程度と平均年齢

能力変化程度		人数（名）	平均年齢（標準偏差）
0G	男性	147	26.0 (5.6)
	女性	113	
	不明	2	
	計	262	
1G	男性	45	30.1 (7.2)
	女性	36	
	不明	1	
	計	82	
2以上G	男性	29	33.4 (7.1)
	女性	45	
	不明	0	
	計	74	

出典：菅野ほか（1998a）

表2-3 「性格・行動傾向の変化」の程度と平均年齢

性格・行動傾向の変化程度		人数（名）	平均年齢（標準偏差）
0G	男性	62	26.2 (5.6)
	女性	36	
	不明	0	
	計	98	
1G	男性	53	27.2 (6.4)
	女性	38	
	不明	0	
	計	91	
2以上G	男性	106	29.3 (7.3)
	女性	120	
	不明	3	
	計	229	

出典：菅野ほか（1998a）

さは加齢にともなっていることが明らかになりました。その平均年齢は著しく若いこともわかりました。とくに，「毛髪」と「皮膚」の変化は顕著でした。

表2-2は，能力の変化（低下）の程度を分類した結果です。【0G】の平均年齢が26.0歳，【1G】が30.1歳，【2以上G】が33.4歳と，能力低下も若い年齢からみられることが判明しました。とくに，運動や活動量といった動作面に能力の低下が顕著でした。

表2-3は，性格・行動傾向の変化の程度を分類した結果です。【0G】の平均年齢が26.2歳，【1G】が27.2歳，【2以上G】が29.3歳と，老化徴候や能力低下よりも早期から，変化が出現し

ていました。とくに、情緒面、行動面のひきこもり傾向が顕著でした。

さらに、菅野ほか（1997a）、菅野（2005）は、これらの結果より、成人期以降のダウン症者は、生涯発達の視点からみると4つのタイプに分類されると推測されることを報告しました。この4つのタイプを生涯発達の視点から整理したものを図2-1に示します。

(1)「若年健康」タイプ

このタイプは、順調に発達し、20歳代に至った健康な成人ダウン症者で、ダウン症者の大多数が通過する生涯発達のタイプと考えられます。外見上の老化徴候、能力の低下、性格・行動傾向の変化の3つの指標のすべてにおいて、変化は認められないものです（0G）。菅野ほか（1998）の研究では、このタイプに分類された者の平均年齢は25.6歳と全対象の平均年齢（28.5歳）よりかなり低く、また、もっとも多くの対象者がここに属しました。

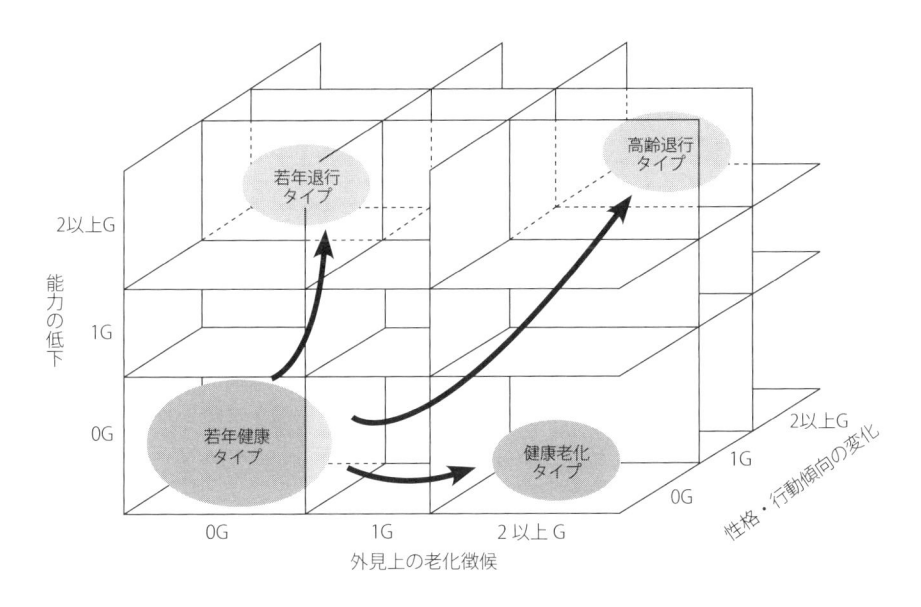

図2-1 「外見上の老化徴候」「能力の低下」「性格・行動傾向の変化」からみた4つのタイプ

(2)「健康老化」タイプ

このタイプは，健康な成人期ダウン症者が高齢化の過程で分類される一般的なタイプで，ほとんどのダウン症者が通過するタイプと考えられます。すなわち，外見上の老化徴候のみに増加がみられるが（2以上G），能力の低下，性格・行動傾向の2指標において，変化は認められないものです（0G）。菅野ほか（1998a）の研究では，対象が全般的に若年であったため，このタイプに分類された対象も28.7歳と全対象の平均年齢よりは高かったものの若年の傾向にありました。

(3)「高齢退行」タイプ

このタイプは，高齢であるために外見上に明らかな老化徴候がみられ（2以上G），加えて，なんらかの原因による認知症状を併せ有するため能力の低下をともない（2以上G），さらに，性格・行動傾向にも顕著な変化がみられる（2以上G）ものです。かつてダウン症とアルツハイマー病との関連で，30歳を過ぎたダウン症者の脳には老人斑が，血管においてはアミロイド沈着が始まり，それは40歳までには全例に出現する，さらに，そのような脳内の変化にともない成人期ダウン症者は35歳までに認知症の症状が出現する（高嶋，1990）とされていました。現在，地域で生活するダウン症者をみるかぎり，そのような知見を確認することはできません。しかしながら，生涯発達という視点でこの高齢退行タイプを考える際，知的障害をともなうダウン症においては，健康老化タイプのすべてが最終的に高齢退行タイプに移行するのかどうかは，わかっていません。また，健康老化タイプのある1群がなんらかの原因で高齢退行タイプに移行し，残りはそのまま健康老化タイプとして能力や行動水準が自然な衰退，低下・退行を示すのか等，今後，解明される必要のある課題は多くあります。

「高齢退行」タイプは，退行を引き起こす原因によって，さらに，①身体疾病・疾患退行タイプと②精神疾患退行タイプの2つのタイプに分類することができます。

①身体疾病・疾患退行タイプ（身体面を原因とした退行）

身体面を原因とした身体疾病・疾患退行タイプは，ダウン症者の退行全体の約20%を占めると考えられています。約半年間に退行症状を主訴にA療育病

表2-4 退行症状の原因が身体疾病・疾患にあった者の症状と疾患名

症例	退行症状	疾患
19歳女性	元気がない，疲れやすい	貧血
20歳男性	元気がない	甲状腺機能亢進症
20歳女性	疲れやすい，体重減少	甲状腺機能亢進症
21歳男性	疲れやすい，体重減少，微熱	結核
21歳女性	昼間の意欲の低下	睡眠時無呼吸症
23歳男性	作業所へ行かなくなった	脳腫瘍
26歳女性	疲れやすい，微熱	白血病

院を訪れたダウン症者のうち，その原因が特定の身体疾病・疾患にあった者の症状と疾患名を整理し，表2-4にあらわしました。最近，元気がなく疲れやすくなったとして受診した19歳の女性は，検査の結果，貧血が原因と考えられるものでした。また，元気がないと受診した20歳の男性は甲状腺機能亢進症，疲れやすく体重の減少がみられた20歳の女性は甲状腺機能亢進症，疲れやすく体重減少と微熱があった21歳の男性は結核，昼間の意欲の低下を示した21歳の女性は睡眠時無呼吸症，元気がなく作業所へ行かなくなった23歳の男性は脳腫瘍，そして，疲れやすく微熱があるとして受診した26歳の女性は白血病が原因と考えられる退行症状でした。彼らに対しては，診断後すぐにそれぞれの特定疾病・疾患の治療が行われ，多くの人に退行症状の改善が認められました。このように，身体疾患を原因として起こった退行に対しては，その原因となっている身体疾患への治療が第一に考えられます。この身体疾病・疾患退行タイプは，多くの場合，疾病・疾患から快復することにより退行症状の改善もみられます。

②精神疾患退行タイプ（精神面を原因とした退行）

ダウン症を含めて知的障害者の精神疾患の罹患率は，20〜64％とかなり高率であるといわれています。しかし，その状態像や経過はしばしば非定型であるため，その症状からは精神疾患と認識されにくいという問題があります。したがって，より状態の進んだ段階ではじめて精神疾患と診断され，対応が遅れたり，中には今現れている精神症状の原因が精神疾患によるものと診断されな

いまま，本人をとりまく環境の問題として，あるいは本人の個人的な要因であるとみなされ誤った対応がとられたり，放置されている場合も多々あることが予測されます。

　ダウン症をはじめとした知的障害者に多く発症するとされる精神疾患や精神症状として解離性障害，人格障害，幻覚・妄想状態，心身症，不安・緊張状態，抑うつ状態，昏迷状態等があります。これら精神疾患や精神症状と退行との関係を具体的な事例を通して考えるのは別の章に譲ることにし，ここでは，ダウン症をはじめとした知的障害においてこれらの精神疾患や精神症状がどのように現れるのかを三島ほか（1999）を参考にして，簡単に解説します。

　解離性障害は，知的障害に少なからずみられる障害です。解離性健忘は，強いストレス状況下のことが思い出せなくなるもので，ほかに，解離性遁走，解離性昏迷，解離性けいれん，解離性運動障害，解離性知覚麻痺などがあります。これらは，ストレスがかかったときの反応の示し方の1つで，不適切なしつけにより引き起こされる同様の問題行動やパニックとの鑑別が難しいとされています。

　人格障害も知的障害者に高率にみられる精神疾患の1つです。そこには，幼児期からの愛着の問題，いじめられたという体験，挫折体験などが影響していると考えられます。主な症状や問題にされる行動の現れとしては，ストーカーやクレーマー，中には軽犯罪をくりかえすといったケースや反対にとくに大きな問題を起こすほどではないが近所でちょっと困った人とみられているケースなどがあります。

　幻覚・妄想状態といえば統合失調症によるものが一般的です。知的障害者に統合失調症が合併する頻度はおよそ3％といわれています。ただ，その中にはストレス反応も混在していると考えられます。また，聴覚障害や視覚障害，広汎性発達障害などを併せもつことにより，より高率に幻覚・妄想状態になるともいわれています。ただ，幻覚・妄想状態は統合失調症に比べて適切な治療により短期間で改善することが多いのも事実です。したがって，早期の診断と薬物療法，環境調整が重要で，しかも有効と考えられています。

　先にも述べたように，知的障害において，これらの精神疾患は多くのケースで状態像や経過が非定型であることから，なかなか精神疾患であると診断され

にくいという問題があります。したがって，青年期・成人期になって精神面の変化が現れた場合は，なるべく早期に知的障害者の精神疾患に詳しい専門医を受診し，診断と治療に取り組むことが重要です。

ところで，環境がもたらすストレスが，本人の障害要因の一部と関連して精神症状を現わすことも多々あります。その具体的な症状として，ここでは心身症，不安・緊張状態，抑うつ状態，昏迷状態をあげておくことにします。

心身症は，さまざまなストレスが身体的な症状として発現するものです。具体的には，消化性潰瘍，過敏性腸症候群，喘息，頭痛などの症状として現れる場合が多いようです。したがって，これらの症状に対しては身体面の治療とともに，彼らをとりまく環境を注意深く観察し，なんらかのストレスが原因となっていないか分析し，そのストレスを取り除くことも重要です。

不安・緊張状態もまたさまざまなストレスによって生じる精神症状の1つです。しかし，知的障害をはじめとする発達障害の場合，その症状は対象者の能力レベルによって現れ方が異なります。言語能力や社会性が未熟な場合は，動作や表情のこわばりなど行動面の変化だけでなく，頻尿，失禁，頭痛，腹痛，円形脱毛などの身体症状として現れる場合も多くあります。

抑うつ状態は，知的障害者の1～4％前後にみられる精神症状の1つです。この症状の現れ方も対象者の能力レベルによって異なります。知的障害の程度が軽度や中度の場合，その症状は健常者のうつ病と似た症状で，抑うつ気分や悲哀感，食欲減退と体重減少，睡眠障害，興味・関心の低下，精神運動抑制，苛立ち・興奮・攻撃性，身体的訴え（頭痛・腹痛・嘔吐など），こだわりの増悪，妄想・幻聴，自責感・希死念慮・自殺企図，退行，ヒステリー反応，生活のくずれ等としてみられます。一方，重度の知的障害者では，無気力，閉じこもり，興奮，泣き，パニック，睡眠障害，食欲減退と体重減少，自傷行為，他害行為，こだわりの増悪，ヒステリー反応，生活のくずれ等として現れます。

昏迷状態は，青年期・成人期の知的障害者の場合，生活の場や仕事の場への過剰適応がストレスとなり，それが原因で意志の発動性の障害や強い不安と緊張，硬い表情，動きの緩慢，ほとんど話さないという症状として現れます。しかも知的障害の場合，本人が表面的にはそのような場への参加を拒まないことから，周囲は，現在，本人が所属している集団や場に適応していると思ってし

まうことが多いのです。ときには，本人がようやく示した拒否の意志に対しても がんばることを強要し，無理を重ねさせてストレスを慢性化させてしまうこ ともあります。青年期・成人期の場合，生活の場や仕事の場で，どのような要 因がストレスとなるのかは個人差が大きいのです。ただその中で，昏迷状態を 呈したケースからは，いつもその集団で能力が下のほうにいることのストレス はかなり強いストレスであることがみいだされています。

(4)「若年退行」タイプ

この発達タイプは，若年であるにもかかわらず生活機能において異常な低下 がみられるものです。すなわち，若年であることから外見上の老化徴候は認められないが（0G），能力の低下の指標において顕著な低下が認められ（2以上G），あわせて性格・行動傾向においても少なからず変化が認められる（1G）ものです。ダウン症では症例報告を通して知られるようになったタイプです（杉山・山中，1989；橋本・菅野，1993，1995；菅野・橋本，1993a，1993b，1994，1995；横田ほか，1993）。しかし，20歳代という若年において，いかなる原因によってそのような著しい退行が生じるのか，また，ダウン症に固有の現象であるのか等，解明の急がれる問題を多くもつタイプです。「若年退行」タイプの代表的なものが，青年期・成人期のダウン症者におこる退行「急激退行」です。

急激退行の発症年齢には，共通性があります。菅野・橋本（1993a），菅野ほか（1995a，1997b），橋本・菅野（1993，1995）によると，急激退行が発症する年齢は，その多くが20歳前後で，とくに特別支援学校高等部等を卒業する18歳前後からはじまり4～5年後の22～23歳頃の間にピークがあると報告されています。急激退行の発症のきっかけにも共通性があると報告されています。きっかけとしては，職場や作業所内での「対人関係のつまずき」がもっとも高率で，ついで仕事の量や質に関する問題で「仕事がきつかったこと」があげられています。しかし，急激退行を示した本人とその家族，そして周囲の関係者と長期間にわたって面接を続けていくと，職場や作業所などの施設での問題と同程度，あるいはそれ以上に，家庭や家族における要因も多いことに気づきます。彼らが成人期を迎える時期は，きょうだいの結婚や就職，進学にともなう別離や，両親や親類の病気や死亡等による別離が起こりやすい時期で

あり，その結果，周囲が慌ただしくなる時期でもあります。また，幼い頃からの，日常的な「がんばりすぎ」や「がんばらせすぎ」が発症のきっかけとなっているという指摘もあります。

　急激退行の原因と発症のメカニズムは，いまだ解明されていません。ただ，青年期から成人期のダウン症者に一定の割合で急激退行が出現しており，しかも特定の疾患的診断のつかないものであることから，ダウン症に特有の心理学的な機構に起因する退行現象であると推測されます。急激退行の原因としてあげた3つの仮説——①急激退行はうつ病あるいは初老期うつ病の初期症状であり，それに仮性痴呆様状態が随伴したものである，②急激退行は器質性痴呆の初期症状であり，それにうつ病様状態が随伴したものである，③急激退行は心理・適応上のストレスによって生じた抑うつ状態である——のいずれを原因として，青年期・成人期のダウン症に急激退行が出現するのかを鑑別することはいまだ困難です。中でも，仮説①，②に関しては，一般に初期の器質性の認知症とうつ病でみられる認知症様状態の鑑別は困難であるとの指摘もあるように，知的障害のあるダウン症者において現時点でその鑑別をすることは不可能といえます。また，仮説③は，急激退行の原因を心理的ストレスに求め，幼児期や思春期に現れた神経・精神症状と急激退行とを同質のものと考える立場です。この立場にたてば，乳幼児期や思春期というより早期からこのような神経・精神症状への対応を考える必要が出てきます。さらに，より積極的に対応を考えると，早期教育プログラムの一領域として心理的ストレスへの耐性あるいは，解消方法を考え，対応する必要があるのかもしれません。

⑨ 本章のまとめ

　本章で述べた成人期ダウン症者にみられる生涯発達の4タイプを図2-2に示します。生涯発達の視点からダウン症の成人期をみると，20歳代の若年期は，若年健康タイプを経過し，その後，若年退行を示す者と，健康なまま加齢し，健康老化タイプに至る者とに分かれることが考えられます。さらにその過程で，なんらかの原因により退行を示す者（高齢退行タイプ）があることが考えられます。現時点では，このような4つの発達タイプが存在することが推測

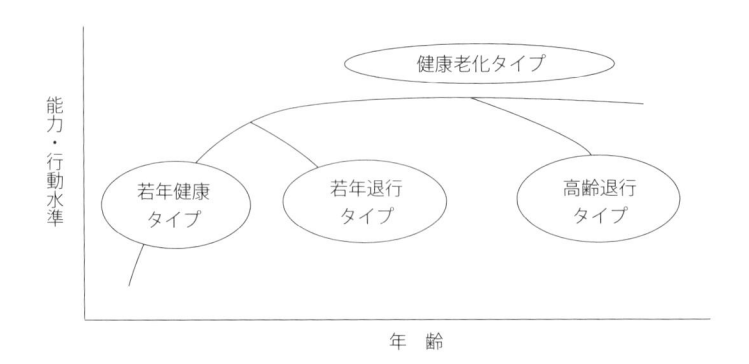

図2-2 成人期ダウン症者の生涯発達にみられる4つのタイプ

表2-5 成人期ダウン症者にみられる生涯発達のタイプ

Ⅰ. 退行のないタイプ群
 若年健康タイプ

Ⅱ. 退行のタイプ群
 1. 自然な衰退, 低下・退行
  老化による退行タイプ群
   健康老化タイプ
 2. まれに生じる低下・退行
  (1) 疾病・疾患による退行タイプ群
   身体疾病・疾患
   精神疾患
   高齢退行（アルツハイマー病罹患）タイプ
  (2) 心理・適応の問題による退行タイプ群
   若年退行（急激退行）タイプ

されます。

　また，これらの生涯発達の4タイプは，退行のないタイプ群と退行のタイプ群とに分けて考えることもできます。退行のないタイプ群にあたるのは，若年健康タイプです。退行のタイプ群には，自然な老化・退行を示す「自然な衰退，低下・退行」と，それ以外の「まれに生じる低下・退行」とがあります。自然な衰退，低下・退行とは，老化による退行のタイプ群です。これにあたる

のは健康老化タイプです。一方，まれに生じる低下・退行には，①疾病・疾患による退行タイプ群と，②心理・適応の問題による退行タイプ群とがあります。①疾病・疾患による退行タイプ群は，さらに身体疾病・疾患によるものと精神疾患によるものとがあります。このうち精神疾患によるものに含まれるのが高齢退行タイプで，アルツハイマー病罹患による退行があります。②心理・適応の問題による退行タイプ群にあたるのは，若年退行タイプです。ダウン症の急激退行は，この若年退行タイプと考えられます。これらを表2-5に表します。

第3章

成人期以降のダウン症者の疾病，身体的変化への対応

ダウン症のある人は，子どもの頃，さまざまな合併症により頻繁に治療に通う日々を過ごすことが少なくありません。しかし，青年期になると，健康になって「病気知らず」「病院にはめったに行きません」といった人が多くなります。では，成人期以降はどうでしょうか？　第3章では，成人期以降に気をつけなければならない疾患や身体の変化などについて解説し，医療的なケアについて説明しています。具体的には，かかりつけ医の必要性，健康診断（早期発見），ダウン症者がかかりやすい身体疾患，精神疾患，肥満・やせへの対応，疾患予防や運動習慣などについて述べます。

1 かかりつけ医と健康診断について

　ダウン症には，成人期の年齢になったら，あらためて留意すべき心身両面での注意点があります。まずは身体の課題として，些細な肥満に由来する代謝的課題（高脂血症，またとくに多い高尿酸血症），心臓弁機能不全などの後天性心疾患，頸部の緊張のバランス不良や頸部筋群の脆弱性に由来する睡眠時無呼吸症候群などの疾患，甲状腺の機能障害などの内分泌疾患，白血球減少などの血球系異常，消化器系疾患などがあります。神経・精神科学的には，年齢を問わずに，退行や認知症の合併，頻度は多くないもののてんかんなどさまざまな合併症があることが広く知られています。このため，日常のケアや合併症の予防，健康管理が大切になってきます。普段から健康的な生活を送り，こうした課題が発症に至る前に，日頃から，さまざまな診療科のかかりつけ医をつくっておくことは，とても大切です。

(1) かかりつけ医とは？

　かかりつけ医とは，体調の管理や病気の治療・予防など，自分や家族の健康に関して日常的に相談でき，救急以外であれば緊急の場合であっても対処してくれる医師（歯科医師も含む）のことです。
　風邪やアレルギーなどの日々の通院治療を受けたり，人間ドックや集団の健康診断などで異常を指摘されたときにはまず最初に相談ができる医師です。日頃から，気軽に何でも相談できる関係を築いておくことが大切です。
　成人期になると，普段健康で医者にかかる必要はないだろうと，病院には何年もかかったことがないという人の話も度々聞きます。しかし，ときには経験したことのないような身体の不調に陥ることがあります。そのようなときに，普段の体調を知っているかかりつけ医がいると，ちょっとした相談ができたり，必要なときには大きな病院も紹介してもらえるので大変大事な存在になります。
　ところが，実際には，とくに身体的な大きな合併症や持病がない場合には，小児科医の療育相談などを終了することの多い思春期以降，小児科を主体とした診療から，成人の内科診療等への移行を行っていないケースは少なくありま

せん。大人になってからもこれまでかかっていた小児科の先生に診てもらいたいとか，どの病院へかかったらよいかわからないなどという話を聞くこともあります。日頃から，ちょっとした不調を何でも相談できるかかりつけ医を家族でつくっておくことを意識していきましょう。

では，実際に"かかりつけ医"との出会い方を考えてみます。

かかりつけ医は，障害の有無にかかわらず，家族皆がみてもらう地域の身近な医師です。近くて，行きやすい場所にいることが大切でしょう。たとえば，子どもの頃から近所の内科で，予防接種などでほかの家族が受診する際，一緒に行って顔見知りの関係をつくっておき，思春期から成人期にかけて，これまでかかっていた小児科から，家族がかかっている内科等に移行するというのは，1つのよくある方法でしょう。

また，かかりつけ医は1つの診療科とは限りません。小児科や内科のほか，眼科，耳鼻咽喉科や整形外科など，複数のかかりつけ医をもっていて構いません。持病や健康状態，心や身体の悩みなど，それぞれに合わせてかかりつけ医をもっておくことが安心につながります。

成人期では，生活習慣から起こる病気も多くなります。このため，疾病の予防につながるような適切なライフスタイルのありようなどを個々にあわせて助言してくれる医師は理想的です。

かかりつけ医は，必要なときには，それぞれの症状に応じたより専門的な医師・医療機関を紹介してくれます。ほかの診療科の医師や，高度な診療機能をもつ専門病院と連携をとり，病状に応じて，適切な医師を紹介してもらうことも重要です。

受診に際しては，いざ病院で医師を目の前にすると，なかなか症状や病歴などの情報をうまく伝えられないものです。前もって，伝えたいことを簡単にメモして受診するのもよいでしょう。ほかの病院にかかったときのことや，普段から服用している薬の情報などを簡単にまとめたものがあれば，診察の助けになります。また，待合室や診察で配慮してほしいことなどがあれば，医師だけでなく，受付のスタッフや看護師にも相談してみましょう。医師だけでなく，ほかのスタッフとも顔見知りになれれば，ともすれば不安なものになりがちな"受診"をより身近なものに感じることができるようになるかもしれません。

(2) 成人期以降の健康診断

健康診断は，生活習慣病の予防や，種々の疾病の早期発見のためには欠かせないものです。自分の健康状態について知り，適切な日々の体調管理を行っていくために健康診断を上手に役立てるようにしましょう。

成人期以降の健康診断には，一定の法律にもとづくものから，個人の希望などによるものまで，さまざまなものがあります。前者については，働いている場合には，労働安全衛生法にもとづき事業者が行う定期健診等，障害者支援施設を利用している場合などには，施設で決められた定期的な健康診断などがあります。また，強制力はありませんが，各自治体で推奨されて行われるがん検診のほか，特定健診などもあります。

これらの健康診断では，加入している健康保険の種類，所属している職場あるいは障害者支援施設の種類や年齢などによって受けられる健康診断（補助が受けられる健康診断）が異なることがありますので注意が必要です。健診によっては，自己負担分の費用が発生する場合があります。

①労働安全衛生法による健康診断

多くの人が，就職するときに受ける「雇入れ時健診」や毎年1回受ける「定期健診」などの一般健診を受けることが多いでしょう。検査項目は表3-1のようなものがあります。

②「障害者の日常生活及び社会生活を総合的に支援するための法律に基づく指定障害者支援施設等の人員，設備及び運営に関する基準」（平成18年9月29日厚生労働省令172号）による健康診断

前記した，いわゆる障害者総合支援法の第36条には，「指定障害者支援施設等は，常に利用者の健康の状況に注意するとともに，健康保持のための適切な措置を講じなければならない」「2　指定障害者支援施設等は，施設入所支援を利用する利用者に対して，毎年2回以上定期的に健康診断を行わなければならない」と規定されています。

施設の入所利用をしている人の場合には，健康診断に係る費用については，障害福祉サービス費用に積算されているため，利用者は費用負担を求められません。ただし，通常の健診項目のほかに，利用者が診断を求めた項目がある場

第3章 成人期以降のダウン症者の疾病，身体的変化への対応　57

表3-1　健康診断の検査項目

雇入れ時の健康診断（安衛則第43条）	定期健康診断(安衛則第44条)
(1) 既往歴および業務歴の調査	(1) 既往歴および業務歴の調査
(2) 自覚症状および他覚症状の有無の検査	(2) 自覚症状および他覚症状の有無の検査
(3) 身長，体重，腹囲，視力および聴力の検査	(3) 身長※，体重，腹囲※，視力および聴力の検査
(4) 胸部エックス線検査	(4) 胸部エックス線検査および喀痰検査※
(5) 血圧の測定	(5) 血圧の測定
(6) 貧血検査（血色素量および赤血球数）	(6) 貧血検査（血色素量および赤血球数）※
(7) 肝機能検査（GOT，GPT，γ-GTP）	(7) 肝機能検査（GOT，GPT，γ-GTP）※
(8) 血中脂質検査（LDLコレステロール，HDLコレステロール，血清トリグリセライド）	(8) 血中脂質検査（LDLコレステロール，HDLコレステロール，血清トリグリセライド）※
(9) 血糖検査	(9) 血糖検査※
(10) 尿検査（尿中の糖および蛋白の有無の検査	(10) 尿検査（尿中の糖および蛋白の有無の検査
(11) 心電図検査	(11) 心電図検査※

※は定期健康診断（安衛則第44条）における健康診断の項目の省略基準により，医師が必要でないと認めるときには省略することができます。

出典：厚生労働省「労働安全衛生法に基づく健康診断を実施しましょう」

合に係る費用については，別途に利用者負担とされる場合があります。また，通所の生活介護を利用している人については，上記のような定めはありません。

ただし，自治体によっては，通所している人を対象に有料で健康診断を行っている地域もあります。行動面や身体状況により一般的な医療機関での健康診断の受診が困難な人にとっては，非常に有用な場合もあるので，施設などを通して，お住まいの地域に問い合わせてみるのも1つの方法です。

③特定健診

生活習慣病といわれる糖尿病や高血圧症，脂質異常症は，最初は症状がなくても，しだいに心筋梗塞などの大きな病気につながります。

生活習慣病対策を充実・強化するために導入されたのが"特定健康診査・特定保健指導（以下，「特定健診・特定保健指導」）"です。

検査を受けることで，自らの生活習慣病のリスクの有無を一定程度知ることができます。放置するとどのような病気につながるのかを知ることになり，ど

の生活習慣を改善するとそのリスクを低くすることになるかなど，結果にともなう保健指導の内容を通じて，生活習慣病の改善方法を考える大事なきっかけになります。年齢は40歳から74歳の人が対象です。健診後，基準該当者は「保健指導（特定保健指導）」を受ける必要があります。

④がん検診

がん検診は，がんの予防および早期発見のために重要です。がん検診については，健康増進法（平成14年法律第103号）第19条の2にもとづく健康増進事業として市町村が実施しています（表3-2）。

⑤健診での留意点

ここまで述べてきましたように，健康診断は，集団で受ける場合と個人で受ける場合があります。個人で受診し，病院での診察や検査が苦手だったり，じっとしていることが難しい人の場合を考えてみましょう。そのような人でも，集団検診では，前の人がどんなことをやっているか実際にみて安心して受けることができたり，ほかの人がやっているから自分もやるんだという気持ちにつながることもあります。

一方で，レントゲン検査はできても採血はできなかったなど，どうしても実施できない項目がでてしまうことも少なくないでしょう。無理をすると病院や検査を怖がり，病院受診やこれからの健診などが二度と受けられなくなってしまうこともあります。健診自体は限られた時間で行われるのですから，そのような状況で検査実施を強要することは望ましくありません。できなかった項目

表3-2　がん検診の内容

種類	検査項目	対象者	受診間隔
胃がん検診	問診および胃部エックス線検査	40歳以上	年1回
子宮がん検診	問診，視診，子宮頸部の細胞診および内診	20歳以上	2年に1回
肺がん検診	問診，胸部エックス線検査および喀痰細胞診	40歳以上	年1回
乳がん検診	問診，視診，触診および乳房エックス線検査（マンモグラフィ）	40歳以上	2年に1回
大腸がん検診	問診および便潜血検査	40歳以上	年1回

出典：厚生労働省「がん検診について」

については，あらためて，地域の医療機関で健診を個別にお願いして，時間をかけた対応をこころみていきましょう．状況の説明・協力のお願いなど，医療機関との相談が必要にはなりますが，まずは診察室の中に入ることから始め，検査項目を数日に分けて健診を実施したケースもあります．検査ができなかったからといって，1回であきらめず，できるよう工夫すること，また最後までできなくても，できたところまでを評価し，次につなげることが将来の健康管理のためにも大切になります．

　個別の検査において，以下のような対応をすることも1つの工夫です．たとえば，採血など，少しの間じっと動かないことが求められ，体が動くと危ない検査もあります．子宮がん検診など，特殊な診察台や器具を使って検査をするものもあります．事前に検査をする医師などに苦手なことや配慮してほしいことなどを伝えておきましょう．また，本人の特徴をよく知るまわりの人が，事前にどのような検査を行うのかを知り，必要に応じて，事前に練習したりすることもあります．

　そもそも検診は，種々の疾病の早期発見や予防のために行います．しかし，重要であっても，検査を受けることが第一目的になってしまってはいけません．検査を受けた本人や周囲の人たち（家族や福祉資源の職員など）が，その後の指導を受けることが重要です．無理やり検査を行うことで，病院や検査が嫌いになることにはつながらないように気をつけましょう．

　多くのダウン症の人は，身体的に不調があっても自分からその不調を適切に訴えることに，ときに困難をともないます．筆者がかかわったダウン症の人の中には，"活気などが，いつもとちょっと違う様子です"という福祉職員の気づきから医療機関を受診し，重要な体の病気がみつかったという人も少なくありません．"なんとなく疲れやすいようだ""いつもと違って元気がないようだ"など，身近なまわりの人がみたちょっとした行動の変化などから，さまざまな病気がみつかることがあるのです．

　くりかえしになりますが，もっとも身近にいることの多い親やきょうだい，あるいは日頃，ともに活動をしている時間の長い福祉施設の職員などは，普段からの本人の表情，活気，疲れやすさなどの様子を知っておくことが大切です．前述した決められた健康診断を受けていくことも大切ですが，日常の本人の状

況の変化がなにより大切で，両者をバランスよく受け止めて，日頃の健康管理・疾病予防につなげていきましょう。

⑥ダウン症ならではの健康診断の留意点

　ダウン症では頻度の多い身体的合併症に合わせて，健康診断の項目を追加して行うことも必要となってきます。かかりつけ医の医師にも相談してみましょう。

　成人期のダウン症の人に必要と考えられる健康管理上の検査には，以下のようなものがあります。

　　1）血液検査
　　　（血球検査：白血球数，血色素，血小板数など，肝機能，腎機能，コレステロール，中性脂肪，血糖，尿酸，甲状腺機能）
　　2）尿一般検査
　　3）胸部X線検査
　　4）頭部CT検査
　　5）頸椎X線検査，頸椎CT検査
　　6）脳波検査
　　7）歯科健診
　　8）耳鼻科健診
　　9）眼科健診

　1）〜7）については1年に1回程度，8），9）については，1〜2年に1回程度の健診を目安とするとよいでしょう。

２　成人期以降の身体疾患について

　ダウン症では，さまざまな身体疾患の合併症がみられます。ここでは主にダウン症の特徴的な身体疾患の合併症のうち，とくに成人期に問題となっている身体的な合併症についてまとめます。

(1) 呼吸器疾患

　呼吸器感染症は，乳幼児期だけでなく，40歳以上のダウン症者の死因の上

位を占めているといわれています。多くは，抵抗力がついてくると，風邪をひくことも少なくなりますが，加齢にともない，唾液の嚥下能力の低下や頸部の筋肉の脆弱性がみられるようになります。このために，ときに上気道炎から肺炎に移行することがあるので，注意が必要です。上気道感染の予防のためには，日頃からの体力づくり，うがいや手洗いをするなどの習慣をつけておくことが大切です。

(2) 心臓疾患

　ダウン症者の約半数が先天性心疾患を合併しており，その治療が生命予後を左右するともいわれています。

　先天性心疾患はさまざまな種類がありますが，もっとも多いのは心室中隔欠損症であり，次に多いのが心内膜床欠損症でダウン症の特徴的な心疾患であるといわれます。日本ではファロー四徴症も多く，チアノーゼの原因のほとんどを占めます。

　ダウン症では，心雑音やチアノーゼがなくても心疾患を合併している頻度が高いため，一度は心電図検査，心エコー検査や胸部X線検査をしておく必要があります。

　先天性心疾患の重症なものは，乳幼児期に根治手術を施行します。日常生活において心不全がある場合は，その程度に応じた安静と運動制限が必要です。また，薬物の副作用の注意（ジギタリス中毒，利尿剤による低カリウム血症など），呼吸不全に対する酸素投与，塩分制限を含む栄養管理なども必要となります。

　なお，後天性の心疾患（心臓の弁の機能不全など）も健常集団に比して，発生頻度が高いことが報告されており，注意が必要です。

(3) 消化器疾患

　先天性の消化器奇形などの合併症が知られています。合併症としては先天性心疾患の次に多いといわれています。十二指腸閉鎖，鎖肛，幽門狭窄，ヒルシュスプルング病などの合併症が知られていますが，生まれてすぐに生命維持のための根治的な手術が必要となることが多く，一般的には，成人期に達して

これらの消化器奇形由来の健康課題は少ないと考えられます。しかし，個別の課題の有無を確かめるとともに，既往歴などとして，注意しておきましょう。

なお，手術が必要となる合併症がなくても，腹筋など筋肉の力が弱いために便秘しやすいことがあります。便秘もときには，腸閉塞の原因となります。また，大腸がんの発生の1つのリスクファクターとして知られます。日頃から食物繊維の多い食事を摂取し，よく体を動かすことで便秘が習慣化しないように心がけましょう。

(4) 頸椎異常

ダウン症では，環軸椎脱臼の頻度が高いことが知られています。頸部の脊柱は7つの椎骨からなっていますが，その第1番目の環椎（C1）が2番目の軸椎（C2）に対して前方へ脱臼するのが環軸椎脱臼です。軸椎の歯状突起という部分の先天性の形成異常があること，関節を支える筋群の弛緩性が原因といわれています。脱臼の程度によっては，脊髄を圧迫し，損傷することで四肢のしびれや麻痺あるいは突然死の報告もあります。

動かずに頸部のX線検査ができる3歳頃から就学前に検査をしておくとよいといわれています。環軸椎不安定性または歯状突起の形成不全がある場合は医療機関での定期的な経過観察が必要です。また，整形外科で予防的手術（固定術）を行う場合もあります。環軸椎脱臼では，マット運動，トランポリン，サッカーのヘディング，水泳での飛び込みなどが禁止されるなど運動制限があるので，家庭やかかわる機関での周知が大切です。

環軸椎脱臼は，先天的な要因だけでなく，首ふりなどの常同運動や転倒などにより首に負担がかかるなど後天的な要因で症状が出る場合もあります。多くは症状が軽く経過を観察すればよいとされていますが，頸椎がずれて脊髄を圧迫するようになると，首の痛みから手足の麻痺などの症状がでたり，重い場合は突然死したりすることもあります。徴候の有無にかかわらず機会をみて，早期発見のために，検査を受けておくことが重要です。

(5) 皮膚疾患

手掌足底皮膚角化亢進，皮膚乾燥症，脂漏性皮膚炎，毛嚢炎などの罹患が多

いといわれています。とくに冬季には乾燥時に，口唇が乾燥しやすくひび割れができやすいようですので，保温や保湿が大切です。皮膚真菌感染，たとえば水虫や爪白癬は，自分では気づかないことも多く悪化しやすいようです。皮膚を清潔にし，必要以上に触らないこと，軟膏を塗るなど簡単なケアは自身でできるようにアドバイスしていきましょう。

また，円形脱毛症の罹患も多いといわれています。一方，ダウン症では，アトピー性皮膚炎の罹患は少ないことが知られています。

(6) 血液疾患

成人期でも白血病の頻度が一般に比べて高いことが知られています。1歳未満では急性骨髄性白血病が多く，1歳以上では，急性リンパ性白血病，急性骨髄性白血病が多いといわれています。

新生児期に発症する一過性骨髄造血異常症は，ほとんどが自然に治癒するダウン症に特徴的な血液疾患です。定期的検査で経過観察することが重要です。成人期では，検診などで，白血球数が正常範囲以下であることは少なくありません。この際には，日頃，感染症（たとえば，風邪をひきやすいなど）をくりかえすようなことがなければ，定期的な検査は必要ですが，過剰に不安がる必要はありません。

(7) 甲状腺疾患

ダウン症では，甲状腺機能障害が合併しやすいことが知られています。甲状腺は内分泌器官の1つで，食物（主に海藻）に含まれているヨウ素を材料にして甲状腺ホルモンを合成しています。この甲状腺ホルモンは，新陳代謝の過程を刺激したり促進したりする作用があります。

甲状腺ホルモンが多すぎる（甲状腺機能亢進症）の場合，全身の新陳代謝が亢進するため，よく汗をかく，すぐに疲れてしまう，動悸がする，手足が震える，食べているのに体重が減る，眼球突出がみられる，落ち着きなくイライラするなどの症状がみられます。また，逆に甲状腺ホルモンが少なすぎる（甲状腺機能低下症）場合，全身の新陳代謝が不活発となり，やる気がでない，皮膚が乾燥し四肢がむくむ，髪の毛や眉毛が薄くなる，声がかすれる，便秘がちに

なる，食欲がなくなるなどの症状がみられます。

とくに甲状腺機能低下症は，成人期のダウン症に多い疾患です。診断は，簡単な血液検査で可能ですが，一般的な定期健康診断の検査項目に含まれていないことが多いです。このため，1年に1回くらいは，かかりつけ医で甲状腺機能検査をして，早期診断，治療につなげることが大切です。

(8) 神経疾患

ダウン症では，一般に比べててんかんの罹患率は高いといわれています。発症のピークは，乳幼児期と成人期の2つにあり，乳幼児期では，ウエスト症候群（点頭てんかん）の発症が多いとされています。ウエスト症候群を発症した場合，知的な障害が重度です。乳幼児期にてんかんの発症がなくても，成人期に初発することも多いといわれているため，1～2年に一度は脳波検査を受けることが望まれます。

(9) 眼科疾患

ダウン症では，眼疾患も高頻度にみられます。白内障のほか，遠視，近視，乱視などの屈折異常，逆さまつげなどが多くみられます。

また，ダウン症では健常者より早く老化が進むため，老人性白内障や視力の低下などにも注意が必要です。定期的な検査で，早期に異常を発見していくことが大切です。

(10) 耳鼻科疾患

ダウン症では，成人期に軽度から中等度の難聴が多くみられます。その原因として多いのは，小児期に反復した滲出性中耳炎（一部は真珠種というものに発展）です。小児期に，当初は軽い難聴でもその状態が長期間続いたために，言語発達にも影響がでている人には，配慮する必要があります。

成人期になってからの問題として，早期の老化による老人性難聴もみられます。難聴のために補聴器を装着する場合もありますので，定期的に聴力検査を受けることも大切です。

耳介が狭く，耳垢掃除が難しい場合は，耳鼻科で耳垢除去してもらうとよい

でしょう。

　ダウン症では，睡眠時無呼吸症候群の頻度が高いといわれています。睡眠時無呼吸症候群とは，睡眠中に10秒以上呼吸が停止するという無呼吸が1時間あたり5回以上くりかえされるという現象で定義される病気です。原因は，肥満，筋緊張の弱さ，扁桃肥大などであると考えられています。睡眠時にいびきがひどかったり，息苦しそうにしたり，夜間の睡眠不足から昼間に眠気がみられたりする場合は，精査する必要があるでしょう。日常的には，肥満の解消，睡眠のときの体位の工夫（仰向けを避けるなど）などを行います。適応するかどうかは専門医のアドバイスが必要ですが，一般的には高度な無呼吸の治療には，持続的陽圧呼吸装置（CPAP）の装着による治療が用いられることがあります。指導を受けるために数日の入院が必要になることもあります。

(11) 歯科疾患

　乳歯から永久歯への生えかわりが遅れたり，一部の歯が先天的に欠損する場合もあります。また，歯のかみ合わせや歯並びが不正なこともあります。歯肉炎や歯周炎の罹患率が高いといわれており，早期に永久歯を失ってしまうことにつながるため，日常の口腔ケアは大切です。痛みがなくても，定期的に歯科検診を受け，必要であれば早めに治療を受けるようにしましょう。

(12) 肥満と生活習慣病

　ダウン症では，学童期からの肥満の割合は一般人と比べて多いといわれています。身長にみあった体重であるか確認していくことが大切です。肥満には，日頃の食生活だけでなく，運動不足も関係します。とくに学校を卒業すると運動する機会も減り，食べることだけが楽しみとなり肥満につながる人も少なくありません。放置すると糖尿病や高脂血症，高尿酸血症など生活習慣病にもつながります。食事内容や量をみなおすとともに，日常生活の中で，体を動かすことを習慣づけましょう。一部に，甲状腺機能障害など他の疾患が影響していることもあるので，健康診断で鑑別しておくことも必要です。

（13）認知症

　アルツハイマー病の発症年齢が健常者より早いといわれています。アルツハイマー病は，脳の顕著な萎縮，脳組織の老人斑と神経原線維変化を特徴とします。症状は，進行する認知障害で，判断力の低下や感情および人格の変化などがみられます。症状がみられた場合は，早期に専門医を受診しましょう。定期的に頭部CT検査を受けておくことは，脳の萎縮の進行状況を知ることができ，診断にも役立ちます。

　成人期になり注意しなくてはならない身体疾患として，上記でも述べたように，甲状腺機能低下症，睡眠時無呼吸症候群，頸椎異常，生活習慣病，白内障，難聴などさまざまなものがあります。とくに，同じ疾患であっても，ダウン症では健常者よりも発症年齢が早いことを知り，対処していくことが大切です。定期的な健康診断での血液検査や，眼科・耳鼻科など専門科の受診をして健康管理を行いましょう。前述したように，甲状腺機能検査や頸部のレントゲン検査，睡眠時の無呼吸の検査，脳波，白内障の検査など，一般的な健康診断の検査項目には含まれていないものが多いのが実情です。

　こうしたことを意識して，かかりつけ医をもち，ときに専門医による必要な診察・検査を補っておくことが，成人期の健康維持と，合併症の早期発見，治療につながることを強調しておきます。

③ 肥満・やせと運動・体力について

（1）ダウン症児者の体型と体脂肪

　ダウン症児は，身長の発育が健常児に比べて顕著に遅れることが指摘されていますが，身長発育遅滞に対して体重は増加する傾向にあり，肥満傾向が著明となることが指摘されてきました（日暮ほか，1998）。近年，身長と体重の相関から肥満かやせすぎかを判定することができる，BMI（Body Mass Index）という指標が一般的に知られるようになってきました。ところが，BMIが同

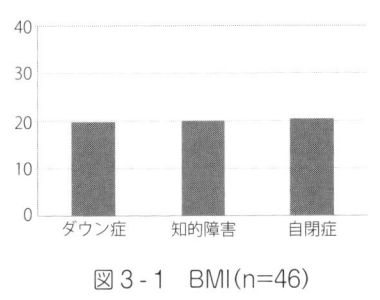

図3-1 BMI(n=46)
出典:渡邉ほか（2013a）

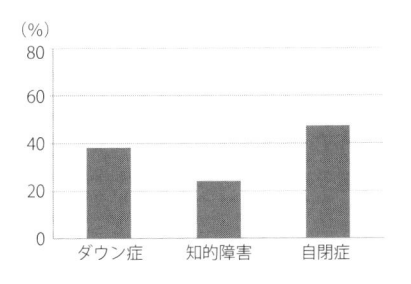

図3-2 体幹部脂肪分布率(n=46)
出典:渡邉ほか（2013a）

じ人を観察したときに，体型（体つき）が違うことがあります。この違いは体脂肪率の違いによるもので，体型が違うとある特定の病気のかかりやすさやかかりにくさも違うということが明らかになってきました。さらに脂肪といっても皮膚と骨格筋の間についている皮下脂肪と，お腹（内臓脂肪を含む）のまわりについている脂肪では，体への影響が異なり，お腹のまわりについている脂肪は高血圧や高脂血症等といった生活習慣病に深く関係していることが指摘されています。図3-1，図3-2は，特別支援学校中学部および高等部の生徒46名のBMIと体幹部脂肪分布率（全身の体脂肪を100としたとき，何％が体幹部についているか）をダウン症，自閉症，その他の障害の3つの群に分けて示したものです（男子：ダウン症7名，知的障害6名，自閉症10名，女子：ダウン症7名，知的障害8名，自閉症8名）。

3つの群はBMIの値こそほぼ同じですが，体幹部脂肪分布率をみると，ダウン症児や自閉症児は脂肪の40％前後が体幹部についていることがわかります。この数値は一般成人（30代未満）に近い値であり，障害児の場合10代後半ですでに生活習慣病の危険因子をもちあわせているといえます（渡邉ほか，2013a）。

(2) ダウン症児者の肥満とその要因

成人期のダウン症者に肥満傾向が認められることはさまざまな研究で明らかになっています。また，すべてのダウン症児者が肥満かといえばそうではなく，やせている者もいます。ただし，合併症や病気がちであるため体力がなく，思

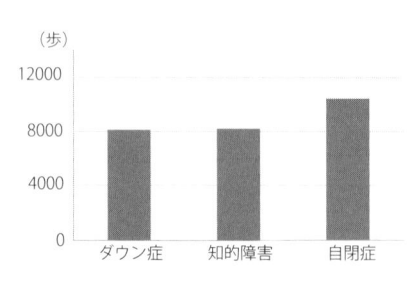

図3-3　平日の歩数（n=23）
出典：渡邉ほか（2013b）

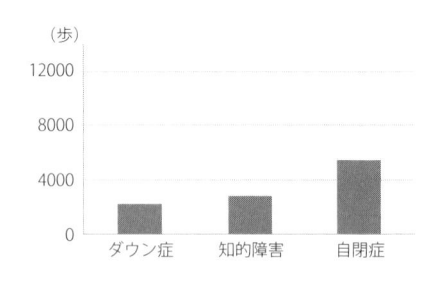

図3-4　休日の歩数（n=23）
出典：渡邉ほか（2013b）

春期以降にみられる精神医学的な疾患のために食欲がなくやせている者もおり，いわゆる健康的なやせ方のダウン症者は少数です（菅野ほか編，2005）。

　ダウン症者を含む知的障害児者の肥満につながる諸要因として，①健康への認識力・自己制御の弱さ，②強迫観念・行動（食物摂取への執着）：過食や偏食，③咀嚼嚥下機能の発達障害（早食い・丸のみ等による過食），④運動機能の発達障害・意欲減退（運動不足），⑤精神不安定（過食を回避・解消の手段とする），⑥同一性保持（新しい習慣が身につかない），⑦その他，以上7つが指摘されています（原ほか，2001）。これらをみると，「運動機能の問題」以外は，すべてメンタルな問題や支援ニーズであることが明らかです。

　ここでは運動機能の問題，とくに運動量に着目して考えていきたいと思います。図3-3，図3-4は，特別支援学校中学部および高等部女子生徒23名の平日歩数と休日歩数の平均値を示したものです。ダウン症児は他の障害児に比べて休日の活動量が極端に少ないことがわかります（渡邉ほか，2013b）。

　高校生段階のダウン症児の約89％が在籍している特別支援学校では，日常的な体力づくり（朝の運動やマラソン）が行われており，一定の運動量が確保されています。ところが成人期以降の就労生活では，そうした機会がめっきり少なくなります。あわせて，「運動をすすんで行おうとする態度が欠けている」というメンタルな問題や支援ニーズが加わることで，肥満症を発症させることが考えられます。

　ダウン症児者の肥満予防のためには，学齢期の取り組みとして単に運動量の確保だけではなく，休日を含めた余暇の時間に自ら体を動かすための内容およ

(3) 成人期における保健教育の必要性

日々の生活の中でくりかえし行われることを生活習慣といいますが、病気をせず心身ともに健康な生活を送るためには、生活習慣の中にバランスのよい栄養（食事）、ちょうどよい運動、十分な休養（睡眠）を取り入れていくことが大切です。日本の知的障害関係施設を対象とした調査では、健康管理について支援の必要性を感じている施設が多いこと、肥満の防止、健康管理に関して70～80％の施設でなんらかの支援が取り組まれていることが明らかとなっています（小島，2009）。ところがその一方で体系的なプログラム開発とその構築までには至っておらず、今後取り組むべき課題の1つとされています。学校に在籍しているときには、健康管理に関する基本的な知識の習得と日常生活への適応をめざし、教育活動全般を通して保健教育（保健学習および保健指導）が行われています。ところが、就労後はこれらの事柄について学ぶ機会が減り、健康な生活を送る上で必要となる情報が限られてしまうのが現状です。

表3-3は知的障害施設利用者107名を対象に行った栄養調査の結果です。

表3-3　障害別・食事摂取基準による過少・過剰摂取者の割合

	ダウン症		自閉症		知的障害		その他		計	
	男	女	男	女	男	女	男	女	男	女
	(n=18)	(n=5)	(n=11)	(n=4)	(n=39)	(n=24)	(n=3)	(n=3)	(n=71)	(n=36)
	%	%	%	%	%	%	%	%	%	%
たんぱく質	0.0	0.0	0.0	0.0	0.0	0.0	0.0	0.0	0.0	0.0
脂質	27.8	20.0	55.5	75.0	51.3	45.8	66.7	66.7	45.1	47.2
炭水化物	11.1	20.0	9.1	50.0	15.4	4.2	0.0	33.3	12.7	13.9
カルシウム	50.0	20.0	63.6	25.0	53.8	50.0	33.7	66.7	53.5	44.4
鉄	11.1	20.0	9.1	50.0	15.4	4.2	0.0	33.3	12.7	13.9
ビタミンC	27.8	20.0	18.2	25.0	15.4	16.7	0.0	33.3	12.7	19.4
食物繊維	72.2	60.0	81.8	50.0	71.8	62.5	0.0	100.0	70.4	63.9
カリウム	22.2	0.0	27.8	25.0	17.9	29.2	0.0	33.3	19.7	25.0
食塩	94.4	100.0	100.0	100.0	97.4	100.0	100.0	100.0	97.2	100.0
飽和脂肪酸	61.1	80.0	54.5	50.0	61.5	54.2	66.7	66.7	60.6	58.3
コレステロール	0.0	20.0	0.0	0.0	7.7	0.0	0.0	0.0	4.2	2.8

出典：渡邉（2013）

栄養摂取に関しては，脂質，カルシウム，食物繊維，食塩，飽和脂肪酸の不足あるいは取りすぎと判定された割合が50％以上でした。とくに，食塩は調査対象者のほぼ全員が過剰摂取でした。食塩は循環器疾患の発症に影響を及ぼすもので，50％のダウン症者に先天性心疾患があるということからもとくに注意していく必要があります。また，飽和脂肪酸は洋菓子等に多く含まれており，過剰に摂取しているものが多く（渡邉，2013）。一方，食物繊維は不足している者が多くいることも明らかとなっています。いずれも生活習慣病のリスクとなるものであり，食事の摂り方に課題があることを示しています。

ダウン症者の健康づくりを考えていくには運動量の確保もさることながら，保健教育の内容について，本人および保護者が成人期以降も継続して学ぶことや情報を得ることができるような取り組みが急務であるといえます。

(4) ダウン症児の体力・運動能力「基礎的運動要因」の特徴

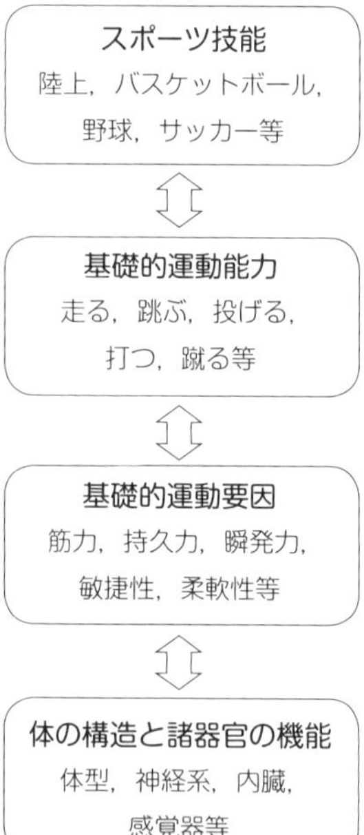

ダウン症児の体力や運動能力についてみていきたいと思います。図3-5にあるように，体力・運動能力の領域は，上位の領域から順に，「スポーツ技能」「基礎的運動能力」「基礎的運動要因」「体の構造と諸器官の機能」から構成されます（文部科学省，2012）。「身体の構造と諸器官の機能」については，とくに体型について述べました。ダウン症児者の体力および運動能力に関する研究は，主として「基礎的運動要因」に関して，健常児や他の障害児と比較したりする中でその特性を明らかにするものが多くみられます。実施した検査が研究ごとに違いがあるので一概にはいえないのですが，ダウン症児の場合，柔軟性は優れていますが，筋力，敏捷性，平衡性は他の障害児や健常児に比べて劣っているとされています。中でも平衡性の弱さは顕著であり，このことがあらゆる運動（上位の領域）に影響を及ぼしていると

図3-5　運動能力の領域
出典：文部科学省（2012）

スポーツ技能
陸上，バスケットボール，野球，サッカー等

⇕

基礎的運動能力
走る，跳ぶ，投げる，打つ，蹴る等

⇕

基礎的運動要因
筋力，持久力，瞬発力，敏捷性，柔軟性等

⇕

体の構造と諸器官の機能
体型，神経系，内臓，感覚器等

考えられています。また，こうした研究は，乳幼児期や学齢期の幼児児童生徒を対象としたものが多く，成人期の研究は少ないのですが，乳幼児期から指摘されている運動能力の遅滞・低下は青年期に至っても認められるという研究もみられます。

ダウン症児者の体力や運動能力を考えていくにあたっては，とくに目立って遅滞が大きいものについて，早期教育や学校教育はもちろん，成人期以降も系統的かつ継続的に支援していくことが重要な視点となるといえます。

(5) 運動教育・支援の考え方

近年，ダウン症者への支援について2つの考え方が示されています。1つは彼らの心理行動特性や発達領域から鑑みて，制約が大きく劣弱な側面をあげ，補正または改善するためのトレーニング・支援を展開することです。もう1つは得意で優位な側面と伸ばすべき才能をみいだし，長所促進型の教育・支援を展開することです（橋本，2010）。ダウン症児者は体力・運動能力という領域で考えたとき，確かに低体力，肥満，平衡性の弱さ，動作の緩慢さ等がみられ，そのことが運動能力の上位の領域（基礎的運動能力やスポーツ技能）に影響を与えているといえます。しかしながら，ダウン症者の場合，「視空間機能」「社

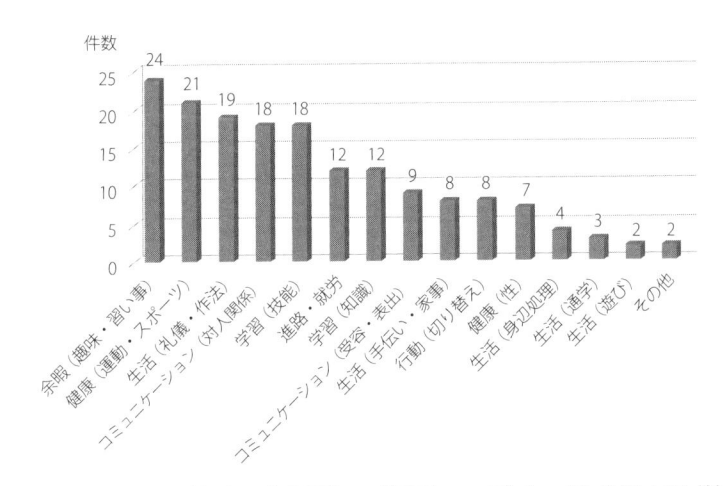

図3-6　高等部生徒（17歳児期）の教育的ニーズ（n=26 件数167件）

出典：渡邉（2010）

会的スキルの習得」「ノンバーバルな対人関係」「音楽・表現」「性格行動特性（社交的，明朗活発）」といった点が優れており，こうした能力をもちあわせていることは運動やスポーツに取り組む際大変有効です。実際にスペシャルオリンピックスをはじめ，地域で行われている大小さまざまなスポーツイベントに積極的に参加し，もてる力を最大限に活かし，スポーツを楽しみ，仲間と交流し，そのことを生きがいとしているダウン症者は多くいます。

最後に図3-6は，特別支援学校高等部に所属するダウン症の生徒26名の個別の指導計画の支援内容（167件）を整理したものです（渡邉，2010）。高等部生徒の場合，健康（運動・スポーツ），余暇（趣味・習い事）に関する支援内容が多く，生涯を通して健康で豊かな生活をおくることについての高い関心や願いがうかがえます。近年はダウン症児者においても習い事や塾などに通う者が増え，各人の個性と保護者の想いからも，水泳，体操，ダンス等，さまざまな活動に参加しています。一方，学齢期以降も発達支援や障害の改善のための専門療法（理学療法や作業療法等）に通う者もいます。こうした習い事や療育も含めて，地域資源を十分に活用し自分に合った運動を無理なく続けていけるよう，ダウン症者の特性や本人の想いを十分に受け止めながら支援していくことが重要です。

④ 精神疾患の合併について

心の病である精神疾患には，以下のようなものがあります。
- 気分障害（気分の変動を主徴とする障害），うつ病，双極性障害，気分変調性障害，一般身体疾患を示す気分障害など
- 統合失調症および他の精神病性障害（妄想や幻覚を主症状とする障害）
- 不安障害および強迫性障害
- 行為障害および反抗挑戦性障害
- 衝動制御障害（他の精神疾患が原因でないような，自分または他者に危害を加えうる衝動や欲動，誘惑への抵抗の欠如）

ダウン症があると，生涯で心の病になる率は一般成人に比べやや高いようです。一般的に，精神疾患は身体的要因とストレスにより引き起こされ，その両

方が関係している場合もあります。たとえば、体の病気になると気分が落ち込み抑うつ的になり、引きこもり、活動や仕事への興味を失ったり、気分の変動から他者との関係にトラブルが生じたりすることもあるでしょう。このような場合、体の病気を治療することに加え、本人の心理的・社会的側面への影響に対処しなければなりません。まず本節では、ダウン症のある人たちが受けるストレスとそれにより引き起こされうる精神疾患、そしてその対応について紹介します。

(1) 精神疾患の誘因となるストレスとは

　ダウン症のある人たちの生活においては、ほかの成人は経験しないようなストレスが生じることがあります。また、知的障害のためにストレスに対処する力が弱いことも考えられます。ダウン症のある成人は、自分にストレスがあると気づけなかったり、問題をうまく伝えられなかったりするために、対処することができないこともあります。支援する際に大切なことは、ダウン症のある人たちにもストレスがあると考え、対処するための方略をみいだすための援助を行っていくことです。ダウン症のある成人によくみられるストレス要因には以下のようなものがあげられます。

　①学習性無力感
　学習性無力感は、徒労感、絶望、および失敗体験が積み重ねられたときに生じる心理状態です。自分の状況に不満や不幸せを感じているダウン症のある人が、自分の心配や不安を伝え、受け止めてもらおうというこころみが失敗し、絶望を感じてあきらめるというケースは少なくありません。そのような状態に置かれたとき、物事に無関心になったり、抑うつ状態になったりすることもよくみられます。言葉が出にくく自分の思いを周囲に伝えられないために真剣に受け止めてもらえなかったり、社会的資源が少なく変化が望めなかったりする場合（たとえば、職場やグループホームが好きになれなくてもほかに選択肢がない等）にもこの学習性無力感が生じます。

　②機会が欠けていること
　機会とは、創造的で活気があり、興味を引く挑戦をする機会を指します。このような要素をもつ作業や仕事、余暇がないダウン症のある人の場合、ストレ

スが高まり欲求不満を感じ，自尊心をも損なうことがあります。作業や仕事で得られる満足感は人それぞれで，単調な作業であっても喜んで取り組み満足している人もいれば，その逆もあります。また，生活の場を自由に選べないダウン症のある人は少なくなく，本人の意にそぐわない生活の場で過ごさねばならないこともあります。現実的に，仕事や生活の場での選択の幅は限られている場合も多く，当人が極力最良の状態で参加できる機会をみいだし，機会を増やし続けるように励ますという支援が必要となります。

③敬意が欠けていること

残念なことに，ダウン症のある人たちに敬意を払わない人からのかかわりからストレスを受けることがあります。不親切な人や心ない人，本人の能力を認め評価してくれない人には非常に傷つけられることでしょう。支援者は，本人の話を聞き，気持ちを受け止め，解決する方法を一緒に探っていくことが大切です。

④予測しているストレス・予測していないストレス

環境の変化や時の経過により引き起こされるできごとがストレス要因となることは疑う余地がありません。たとえば卒業や就労，きょうだいの結婚や転居のように予測可能なものと，病気や家族の死，就労や生活の場の事情による変化（仕事や職員が変わるなど）など予測できないものがあります。変化は多くのダウン症のある人たちにとって難しい問題です。大人になるにつれ，きょうだいや障害のない友人との生活の違いは大きくなり，喪失体験をもつ機会も増えます。予測しているストレスについては，本人の人生のプラス面を際立たせ，きょうだいや友人と同じような機会をみつけることが役立ちます。支援者は本人の興味や能力を評価し，代替の機会をみいだし，励まし支えながら指導することが重要です。また，できごとへの備えとしてカレンダー等を用いて事前に予告する，変化の後も定期的にかかわりをもつ（たとえば，平日はグループホームで過ごし週末は実家で過ごすなど）といったことで，変化への心の準備と変化後の喪失体験を和らげることができます。ダウン症のある人たちは，周囲が考えるよりも「感じとる力」が高いことが多く，伝える時期を遅らせたりするよりも，隠さずに話し合い，変化の中で支えるほうがよいと思われます。

予測していないストレスの多くには，喪失感がともないます。喪失感の後訪

れる悲しみのプロセスは，ダウン症のある人の場合，やや遅れて起こること，強い記憶力のために苦痛が和らぎ忘れるまでに困難がともなうことが共通してみられます。喪失による悲しみをなくすことはできませんが，支援者としては，本人と一緒に時間を過ごしたり，失ったものや人について語ったり，ほかの喪失が同時に起こることを防いだりといった援助が考えられます。

(2) ダウン症のある人たちの精神疾患とは

ダウン症のある人たちが罹患する可能性がある精神疾患の主なものをあげ，その症状や対応について紹介します。

①気分障害（気分の変動を主徴とする障害）

一般の成人におけるうつ病（気分障害の一つ）の有病率は3〜16％であり，ほかに比べ罹患率の高い精神疾患です。ダウン症の成人にも多く，罹患率は一般の人たちを超えると予測されます。中でもダウン症の人たちは同じ気分障害である双極性障害（躁うつ病）や躁病に比べ，うつ病を発症することがはるかに多いようです。うつ病は悲しい気分になり，以前は楽しんでいた物事への興味を失うことが特徴です。重度の抑うつ期が，単なる気分の落ち込みや悲しみではなく継続して2週間以上続きます。そのほか，ダウン症のある人のうつ病の場合には，精神病的な特徴（激しい独り言や幻覚に向かっていうような独り言，極度のひきこもりなど）が表れる傾向があります。ダウン症のある人のうつ病には，ほかの人と同じようにストレスや脳内の変化（神経伝達物質のセロトニンの減少など），身体的な問題（長期や重度の病気など）の3つの要因が関与していると考えられます。治療は，身体的問題の治療，カウンセリング，ストレスの特定と解消，薬物療法，前向きになれる活動や運動に参加させるといった手段がとられます。

②統合失調症および他の精神病性障害（妄想や幻覚を主症状とする障害）

統合失調症では，妄想や幻覚，現実からのひきこもり，感情の平板化，思考過程の変化やまとまりのない思考と発言といった症状が現れます。しかしながら，ダウン症のある人が統合失調症であるかどうかの診断は難しいと思われます。診断には，当人の本来の思考プロセスの理解が必要ですが，ダウン症のある人ではそれが難しい場合があります。また，独り言や想像上の友人，「精

神病類似の症候」といわれるような行動がみられることがあることも関係しています。一見統合失調症と思われる症状でも，知的障害があることやダウン症特有の傾向を考慮すると，発達レベルにみあった行動であることも多いのです。診断に際しては，本人をさまざまな場面で注意深く観察し，関係者で情報を共有し話し合うことが必要です。行動の変化や頻度に注目し，医療機関と家族，支援者で連携して本人の状態を検討していきましょう。治療法としては，薬物療法，本人と家族，支援者への情緒面のサポート，医学的な問題がないかを確認するといった手段がとられます。

③アルツハイマー病

　アルツハイマー病は，ダウン症のある人では一般の人と比べ発症率が高く，若年で発症する傾向があるというデータがあります。アルツハイマー病は脳を冒す進行性の神経変性疾患で，認知症の一種です。原因は不明ですが，遺伝子が関与していることがわかっています。35歳以上で亡くなったダウン症の人たちの剖検で，すべての人の脳にアルツハイマー病様の所見がみられたという研究報告がなされましたが，実際には精神面の衰えの兆候がない高齢の人たちも多数いることから，すべてのダウン症の人たちが臨床的なアルツハイマー病になるとはいえません。アルツハイマー病はダウン症の人たちがもっとも頻繁に診断される精神障害の1つですが，実際にはうつ病や内科疾患など治療可能な疾患である場合も多く，適切な精密検査がとても重要です。ダウン症のある人にみられるアルツハイマー病の症状には，記憶障害や能力の減退，身辺自立機能の低下（排せつ，歩行，嚥下など），人格的・精神心理的変化，けいれん発作，睡眠や食欲の変化などがあります。アルツハイマー病を治す方法は現時点ではありませんが，薬物療法や生活面の介助，適正な環境のコントロール，機能維持をめざした活動により，進行を遅らせたり，随伴する身体問題を治療したりすることができます。

④不安障害

　不安はほとんどの場合は一時的な反応で，心の病ではありません。たとえば，環境の変化を前にして不安を感じるのは正常な反応であるといえるでしょう。不安な心理状態では，心配や恐怖といった感情が引き起こされ，身体的反応（動悸，息切れ，胃の痛みなど）が起こる場合もあります。このような不安

にはたいていは原因があり，その原因が解消されれば不安は消えます。しかし，不安や心配が日常の活動を妨げるようになると障害になります。ダウン症のある人では，ある特定の事柄（天候や人など）に恐怖や不安を感じ仕事や生活に継続して支障をきたす人も多く，不安障害という診断がなされます。それらの事柄に遭遇するのを恐れ，ほかの場所や機会であっても外出できなくなるといったように，不安が特定の事柄からほかの状況やできごとにも広がると，全般性不安障害になります。不安障害では，自分の感情を医師や支援者に伝えることで診断がなされますが，ダウン症の人たちは不安感などの感情を口に出さないことがあります。支援者は本人の行動変化を観察し，表情の険しさ，体の緊張，落ち着きのなさ，軽度自傷行為や睡眠の変化などから不安や激しい緊張の兆候を読み取る必要があるでしょう。治療は，恐怖や不安の対象を取り除く，薬物療法，カウンセリング（脱感作法をはじめとした行動療法など），ストレス対処法（リラクゼーションなど）といった手段が用いられます。

⑤問題行動（行為障害および反抗挑戦性障害を含む）

感情や行動の問題すべてが診断分類に正確にあてはまるわけではありません。正式には障害といえない行動でも，対処が必要なときがあります。行為障害（反社会的，攻撃的，反抗的な行動パターンを示す）や反抗挑戦性障害（拒絶，反抗，不従順，挑戦的な行動のパターンを示す）をはじめ，嘘をつく，窃盗，言葉や体による攻撃，ものを壊す，性的に不適切な行為，社交や公共の場で不適切な行動を行うといったことが問題行動にあてはまります。このような行動は一般の人と同様，ダウン症のある人にもまれにみられますが，その背景としては言語表現や適切な言葉の使用が上手でなく，問題や課題を概念化し伝えるのが苦手なことが関係していると思われます。多くの場合，攻撃や反抗には，欲求不満を吐き出すことと周囲の注意を引くことの2つの機能があるようです。支援者は，本人がなんらかの問題を伝えようとしているのではないかという視点で問題行動を読み取っていくことが大切です。治療には，行動療法（トークンの利用，方向修正など）や薬物療法が用いられます。

⑥強迫性障害

強迫観念とは頭から離れない思考のことで，強迫行為とは駆り立てられるような気持ちによる行動を指します。強迫行為は強迫観念による不安を抑えたい

という思いから生じていると考えられています。ダウン症のある人たちの中には，同じ行動や反復的な行動をする傾向をもつ人がいますが，それが生活の妨げになっていない場合には問題となることはありません。単なる過度の心配を超えるような考えと，駆られたような言動がくりかえし続き，日常生活を妨げるようになると問題となり，診断が必要になります。原因はセロトニンの減少か受容体の異常と考えられており，ダウン症のある人は一般の人よりもこの異常が起こりやすいといわれています。また，一般の人では多くの場合自身の強迫観念や強迫行為が異常で過度なものだと自覚することができますが，ダウン症のある人の場合そのように思うことはほとんどありません。治療に際しては，薬物療法，代替の活動への方向修正が用いられます。通常は，強迫行為を無理に止めようとせず，励ましや具体的なご褒美をうまく使って問題となる行動を適切な代替行動に変えることをめざします。

⑦急激退行現象

ダウン症者において，これまでできていたことが比較的短期間にできなくなること（退行）が起こることがあります。退行は，自然な衰退，低下・退行タイプと，身体疾患退行タイプや精神疾患退行タイプ，「急激退行」タイプが含まれるまれに生じる低下・退行，に大別することができます。その中で「急激退行」は20歳前後のダウン症者において日常生活能力が急激に低下するもので，具体的には急に元気がなくなり，引きこもりが始まり，日常生活への適応にさまざまな困難や支障を生じるものと定義されます。急激退行の症状は，主に動作・行動面，対人面，情緒・性格面，身体面の4つの側面に現れ，代表的な症状としては動作・行動面での緩慢さ，表情の乏しさ，会話の減少，パーキンソン病様の異常姿勢，対人関係上の過剰な緊張，ないしは無関心，情緒・性格面での興味喪失，がんこ・固執傾向，興奮，身体面では睡眠障害，食欲・体重の減少，失禁などが報告されています。原因としては，思春期と加齢にともなう心身の衰退とが重なる年齢段階に，心理的ストレスが加わり生じた心因性の抑うつ状態であるという仮説が有力視されています。実際の治療では，薬物療法と心理療法，生活リズム指導や環境調整などが行われます。

第4章

成人期以降のダウン症者の心理・行動機能の低下予防

第4章では，成人期以降のダウン症者の心理・行動機能の低下予防について，認知症や精神医学的な問題への対応も含めて解説します。成人期以降のダウン症の人には，いくつかの生涯発達のタイプが認められますが，いずれのタイプにおいても，心理・行動機能の低下を予防し，維持していくような取り組みは大切です。まずは，成人期以降のダウン症の人への心理・行動機能維持をめざした支援のあり方について解説します。次に，ダウン症と認知症を巡る最新の研究成果をふまえつつ，現段階で読者の皆さんに知っておいていただきたい情報を紹介します。これまでダウン症と認知症については数多くの研究が報告されており，成人期以降のダウン症にかかわる必須情報といえます。最後に，成人期以降のダウン症の人にみられる精神医学的な問題についてQ&Aや事例を交えて解説します。これらの症状に対する具体的な支援方法について理解を深めていきましょう。

1 心理・行動機能の低下と維持

(1) 健康で豊かな生活のために

　高齢になっても，多くの人々は健康で精神的にも楽しく豊かな人生を過ごしていきたいと願うでしょう。平均寿命がのびたダウン症者の中には，高齢になっても元気で，余暇活動を楽しんでいる人が大勢います。ただ，生涯発達のタイプで示されているように，ダウン症者は早期老化現象が認められたり，加齢にともなう能力低下が急激に進むこともあり，心身の機能の変化については注意が必要です。また，疾病や認知症などにより医療機関との連携が必要となる場合も少なくありません。したがって，まずは成人期以降においても定期的に医療機関で健康診断を受診することがもっとも重要です。一方で，精神的にも豊かな生活を送るためには，定期的な健康診断に加えて，自分の能力を低下させないような取り組みが必要になります。仕事でやりがいを得たり，趣味を広げたり，人とコミュニケーションを楽しむなど，充実した時間を過ごせるような工夫が必要になります。

(2) 関係機関での心理・行動機能維持に向けた取り組み

　ダウン症者を支援する関係施設では，心理・行動機能維持のためにどのような取り組みを行っているのでしょうか。筆者は，全国の知的障害関係施設に，①運動能力の維持支援，②言語・コミュニケーション能力の維持支援，③肥満防止，④自ら健康管理できるための支援について調査を行いました。その結果，表4-1のような取り組みが行われていることが明らかとなりました（小島，2008，2009）。

　まず，運動能力の維持について述べます。多くの施設では，散歩，歩行，体操など日頃から取り組みやすい活動が中心に行われています。一部では，定期的に本格的な体力測定を実施していました。毎日本人と接していると，些細な運動能力の変化に逆に気づきにくいことがあります。また，知的障害のある人の運動の平均数値などは十分に明らかになっていないため，平均値と比べるこ

第4章　成人期以降のダウン症者の心理・行動機能の低下予防　　81

表4-1　関係施設における能力・機能維持を目的とした支援内容

運動能力の維持を目的とした取り組み
・散歩，歩行支援，ストレッチ，ランニング，体操，ヨガ，ダンス，球技（例；野球，フットベースボール，卓球，ミニバレー，ソフトボール，バスケットボール） ・作業療法，音楽療法 ・定期的に体力測定を実施
言語・コミュニケーション能力の維持を目的とした支援
・利用者個々の特性やニーズに応じたかかわり方 　（例；連絡帳，交換日記の導入，カード，写真，手話，筆談など） ・発声練習（例；号令，目標唱和など），役割（例；朝礼，終礼時の号令，司会など）や係活動（放送当番や号令がけ，司会など），クラブ活動（例；合唱，演劇，音楽など） ・専門家との連携（例；ST，音楽療法） ・外部機関の利用（例；定期的に民間の塾に通い，言語学習）
肥満防止を目的とした支援
・食事制限，カロリー制限，栄養指導 ・運動（例；ウォーキング） ・本人と保護者を対象にした栄養に関する講話や勉強会 ・給食便りなどの啓発活動 ・毎日の体重測定 ・医師との連携
自ら健康管理できるための支援
・うがい，手洗い，歯磨きの励行 ・体温調節・清潔の維持のための衣服調整・着替え，起床時の検温，血圧の測定 ・定期的な勉強会，研修会，健康教育，食事やジュースなどの栄養管理の指導 ・服薬に関する指導の徹底 ・定期的な健康診断の実施 ・医師，看護士，栄養士などからの個別の指導

出典：小島（2008）を一部改変

ともできません。それだけに，毎年1回など定期的に体力測定を行い，運動能力の変化を分析することで，能力の変化を客観的に把握できるといえます。加えて，ダウン症者は，動作がゆっくりになるなど，活動量の低下だけでなく，活動のスピードの変化が認められやすいです。日々の生活の中で活動の速度についても意識して支援を行っていくことや，運動能力の変化の指標として速度を重視していくことが望まれます。

　言語・コミュニケーション能力の維持については，日常的には個に応じた工夫を行っており，関係機関で毎日行われる朝礼などの場面を利用した発声など

も多いです。毎日日記を記しているという取り組みもありました。また，外部機関と連携をし，ST（言語聴覚士）などの専門家による支援を実施している場合もありました。青年期において，ダウン症者は文字を書くことや歌詞などを書き写すことが好きで，趣味として「日記を書くこと」「大好きな歌の歌詞を写している」などの報告がされることも珍しくありません。読み書き活動は，日課のようにくりかえしていると能力維持へとつながる可能性が高まります。日記はもちろん，本人の好きな歌詞を書き写すことなども大切な取り組みです。これらを通して読み書き能力の維持に努めましょう。

　また，幼児期や児童期と同様に，成人期のダウン症者も人とかかわることを好む人が多いです。日常生活で本人のペースを大切にしつつ会話を楽しむ機会を確保するとともに，可能であればあるテーマを決めてコミュニケーションをとるような話し合いの機会を設けたいものです。

　さらに，カラオケや歌を歌うなどの余暇活動もコミュニケーション能力の維持につながります。とくに，カラオケを好むダウン症の人は多いようです。大好きな歌をくりかえし歌うだけでなく，新しい歌にも挑戦していきましょう。

　肥満防止のための取り組みについては，食事制限，カロリー制限，栄養指導が多く，さらに本人と保護者を対象にした栄養に関する勉強会や給食便りによる啓発活動なども行われていました。これらは，食事制限やカロリー制限など本人が取り組むものと，食事をつくる人への栄養指導など施設職員が中心となって取り組み本人や保護者に理解をうながす活動に分けられます。つまり，肥満防止については，本人だけの課題とするのではなく，周囲の人も協力して取り組むことによってより効果が期待できるといえます。

　栄養指導は，肥満防止に限らず，健康な生活を送るために大切なことです。本人が食事バランスを意識できるように支援していきたいものです。間食を楽しみにしている人は多いですが，具体例をあげながらお菓子，ジュースなどにどれくらい砂糖が入っているかなどの基本的な情報について学習する機会を設け，日頃から過剰摂取にならないよう支援しましょう。

　自ら健康管理できるための支援については，うがい，手洗い，歯磨きの励行があげられます。これらは日々くりかえし行っていく活動であり，確実に定着させることが望まれます。そのほかに，医師や栄養士による個別指導もあげら

れていました。本人の実態に応じて、自ら健康管理できるように支援を行っていくことが大切です。

　関係施設がダウン症者の支援において配慮している事項を、表4-2に示しました。疾患への配慮や健康面はもちろん、かかわり方や声かけのしかたなどの対人関係面、行動や運動面、さらには段差をなくすなどの物理的環境面、新たな刺激の提供などその内容は多岐にわたっており、多面的な支援が必要になってくるといえます。

　加齢にともなって、領域などに違いはあっても、少しずつ心理・行動機能は低下をしていきます。諸機能を維持するためには、これまで紹介したようにさまざまな取り組みが必要とされますが、本人の自分の能力を低下させたくないという「意欲」も大切です。ただ、ダウン症者に限らず、努力を必要とすることに対して高い意欲をもちつづけることは難しいものです。たとえば、ダウン症者の場合はスポーツを好まず、スポーツへの意欲が乏しいため運動不足となり、肥満などになってしまいがちです。したがって、本人の興味・関心の高いテーマを取り上げたり、新たな刺激を与えつつ、楽しみながら自分の心理・行動機能を維持できるようにしたいものです。

　また、1人ではなく、仲間と一緒に取り組むことで、よりいっそう意欲が高まることもあります。したがって、能力維持のトレーニングに一緒に取り組むような仲間がいるとよいでしょう。さらに、他者とかかわるだけでなく、他者から評価されたり、競争して勝敗を経験することで意欲が高まることもあります。ときには、友人や保護者、職員などの第三者から肯定的な評価を受けるような機会や、他人と競争するような機会を設けてみてもいいかもしれません。

表4-2　ダウン症者への支援における配慮事項

- 行動はゆっくりであるため、急がせず、本人のペースを大切にする
- 疾患について家族との連携を行う
- 視力への配慮から、段差を少なくするなど生活しやすい環境整備を行う
- 食事での栄養管理、カロリーの配慮を行い、体重増加・肥満予防へとつなげる
- 定期的な健康診断を実施。一般健診に加えて、心電図健診を実施
- 頑固な面があるので、声かけは、納得できるようにわかりやすく行うように配慮
- 何か新しいことに取り組ませ、刺激を受けられるようにする

出典：小島（2010）を一部改変

(3) ダウン症者の心理・行動機能維持に向けた支援

　海外では，ダウン症者も含めた成人期の発達障害者を対象として，心理・行動機能の能力維持や低下予防，さらには健康管理をめざしたプログラムが開発されてきました。わが国においても，筆者が心理・行動機能プログラムの開発をこころみています（小島，2010）。表4-3は，ダウン症者の心理・行動機能維持に向けた一般的な支援のポイントを示したものです。支援にかかわる人は，これらのポイントを意識しつつ，本人の理解の程度に応じて，支援を実施していきましょう。当然のことですが，知的機能に制約があっても，年齢を意識したかかわり方をすべきです。1人の大人として，本人のプライドを傷つけることのないように適切な対応をしましょう。

　また，健康の自己管理，食事・栄養，運動・ストレッチ，余暇，学習の各観点からみたダウン症者の心理・行動機能維持に向けた具体的なポイントは表4-4のとおりです。これらは，できれば日々の生活において習慣化をこころみて欲しい内容です。日常生活でも，取り組んでいきましょう。

(4) 心理・行動機能の変化と環境要因

　成人期以降のダウン症者の状況には，環境要因が影響します。中でも，ダウン症者の適応行動には環境要因がかかわると指摘されています（Brown *et al.*, 1990）。したがって，ダウン症者にとって，過ごしやすい環境を大切にすることが，能力低下の予防につながることはいうまでもありません。

　もちろん，体力が低下したり，疾病になったりすることは，高齢になれば誰しも経験することです。身体的な能力低下は，ある程度はしかたのないことかもしれません。ただ，精神的な充実度は，その人の意欲と周囲の人の支援や環境によって，大きく変化する可能性があります。たとえば，自宅にあるビデオだけをくりかえし視聴するのではなく，その人の好きなビデオをお店で探してレンタルできるような環境へと変化させることで，その人の余暇の充実度は大きく変わります。つまり，余暇活動を中心とした本人の生活の楽しみ，潤いをしっかりとみすえた支援を行うことが，精神的な充実，豊かな人生へとつながります。ダウン症者の豊かな生活のためには，本人にとって充実した生活環境

表 4-3　ダウン症者の心理・行動機能維持に向けた一般的な支援のポイント

①過剰な支援は避け，自らの能力を発揮させるようにかかわる
②自己決定を重視し，本人の意思を大切にする
③言葉，数などの学習活動を生活の流れの中で実施する機会を設定する
④本人の好きな活動を生かし，余暇活動として日常生活に位置づける
⑤生活の流れの中で，他者とのかかわり（コミュニケーション）が必要となる時間を設ける
⑥体力・精神的に無理のない作業課題を設定する
⑦定期的に，能力低下，健康の状況，精神的な状況などを評価する
⑧生活リズムを整え，崩さない

表 4-4　ダウン症者の心理・行動機能維持に向けた具体的なポイント

①健康の自己管理
・手洗いうがいなどを習慣化
・体重測定と記録を習慣化
・食後の歯磨きの習慣化
②食事・栄養
・肥満防止のため，適切な食事量を意識する
・六大栄養素を意識する
・糖分の取りすぎに注意する
③運動・ストレッチ
・バランス感覚を意識した運動を取り入れる
・毎日，定期的に無理のない範囲で一定時間歩行訓練などに取り組み，体力維持や筋力の維持につとめる
・動作のスピードを無理のない範囲で意識する活動に取り組む（例；歩く速度や活動の早さを競うゲームなど）
・手指を使った微細運動は，可能であれば継続的に取り組む
・可能であれば，運動を余暇として位置づけるよう試みる
④余暇
・本人の願い，興味・関心を大切にしつつ，一人で楽しむ余暇だけでなく，複数の人々とかかわりを持ちながら過ごす余暇の時間も大切にする
・これまで継続してきた楽しみは，本人の意思を尊重し，可能な限り継続する
⑤学習
・文字を読む，書く，数えるなどの活動を日常生活の中で取り入れ，継続的に取り組む
・日記やドリル学習など習慣化できる学習活動は，積極的に取り組んでいく
・話す機会，興味・関心のある事柄をきく機会，そして物事を考える機会などの場面を日常生活に取り入れる

出典：小島（2010）

になっているかをみつめることが欠かせません。

2 認知症

(1) ダウン症と認知症

　認知症は，正常な老化として想定する範囲を超えて認知機能が低下する症候群で，通常は慢性あるいは進行性の経過をたどります（World Health Organization, 2012）。認知症になると，記憶や思考，日常生活能力などが低下します。かつては痴呆とよばれていました。

　これまでの調査・研究において，ダウン症の人は，知的障害のない人たちや，ダウン症でない知的障害の人たちに比べて，若くして認知症になることが多いと報告されています。たとえば，長野県内の施設でくらすダウン症の人を対象とした調査では，30歳代で認知症の人は1人もいなかったのですが，40歳代の人たちでは16.0％が認知症，50歳代の人たちでは41.9％が認知症でした（Sekijima et al., 1998）。一般人口における認知症の人の割合は65〜69歳で2.1％と報告されていますから（朝田，2013），これに比べるとかなり割合が高いことがわかります。ダウン症の人が年間に新たに認知症になる率については，50歳未満で2.53％，50〜54歳で2.82％，55〜59歳で4.88％，60歳以上で13.31％だったという報告があります（Coppus et al., 2006）。中には，30歳代で認知症と診断される人もいるようです。研究によって具体的な数字は違うのですが，若くして認知症となる人が多いことは多くの研究により認められています。

　なぜダウン症の人に若年性の認知症が多いかはまだよくわかっていないのですが，21番染色体を1本多くもっていることに関連すると考えられています。21番染色体上には，進行性で，まだ根本的な治療法がない認知症の原因である，アルツハイマー病を促進する遺伝子があることが知られています。染色体が1本多ければ，その染色体上にある遺伝子も，その分多くなります。遺伝子の数が多いとその働きが強く現れることがあるので，そのために，ダウン症の人は認知症になるリスクが高いのだろうと考えられています（Lott, 2012）。しかし，

ダウン症の人全員が認知症になるのではありません。身体の設計図にあたる遺伝子は，かならずそのとおりに実行されるのではないため（福島（監），2007），高齢で亡くなるまで認知症にならない人もいます。たとえば，認知症を疑う症状は何もないまま，85歳で亡くなった女性の例が知られています（Chicoine & McGuire, 1997）。遺伝子がどの程度働くかには環境などが影響すると考えられていますが，まだ詳しくはわかっていないのが現状です。

　21番染色体上の遺伝子を多くもっていることは，健康上，デメリットばかりではありません。日本人の死因の第1位はガンですが，ダウン症の人は，胃ガンや肺ガンなどの固形ガン（血液のガン以外のガン）にはあまりならないことが知られています。また，動脈硬化や脳梗塞の発生率も低いです。これらの病気になりにくいのも，21番染色体上の遺伝子が多いことによると考えられています（Hitzler, 2010；Vis *et al.*, 2010）。かといって，ダウン症の人全員がこれらの病気にならないのでもありません。遺伝学的な特性はあくまで設計図上のことなので，早期発見に向けた心がまえをしたり，将来の生活を考えたりする際の参考として上手につきあいましょう。

(2) 認知症かな？　と思ったら

　以前は認知症はすべて治らないと考えられていましたが，現在は治る認知症もあることが知られています。薬による治療が可能な甲状腺機能低下症はこの典型で，機能低下がみられたダウン症の成人の約15％がこの病気だったという報告があります（Chicoine *et al.*, 1999）。また，認知症でないのに認知症と同じ症状が出る，治療可能な病気もたくさんあります。この典型がうつ病です。いずれの場合にも，早期発見・早期治療が大切です。アメリカのイリノイ州には，成人期のダウン症の人のための専門医療センターがあるのですが，実際のところ，そこを受診した機能低下のある40歳以上の人のうち，アルツハイマー病と診断された人は25％で，残りの75％の人はほかの病気の治療が有効だったそうです（McGuire & Chicoine, 2006）。

　気になる変化が現れたらすぐに身近な医療機関に相談してよいのですが，一方で，単なる老化かもしれないなどと考えて，すぐに受診しないことも一般的です。その場合はただ様子をみるのでなく，以下で紹介する認知症チェック

リストなどを使った記録を始めましょう。通常は6カ月から12カ月の間隔で，あるいは変化が急激あるいは不安定と感じられたら毎月から3カ月に1回程度，記録するとよいでしょう。何回か記録し，能力や行動に衰えがあることが確認されたら，コピーをもって医療機関を受診しましょう。医療機関へのかかり方は，第5章の「健康維持・栄養管理のためのプログラム」も参考にしてください。診察の結果，心配のない変化である可能性は大いにありますが，治療可能な精神的不調や一般的な身体不調がみつかることもあります。また，一度診てもらっておくと，カルテに記録が残るので，後で状況が深刻になった場合に，診断がスムーズになると期待できます。50歳代やそれより若い人の場合には，認知症である可能性を親やきょうだいが受け入れにくく，受診が遅くなるケースがあると聞いています。初動の遅れは対応の遅れを招くことを，心に留めておいてください。

　日本語版の知的障害のある人向けチェックリストは2種類で，「知的障害者用認知症判別尺度日本語版（DSQIID）」（木下ほか，2012）と「日本版認知症評価スケール（MOSES）」（今村，2007）です。前者は56問，後者は40問からなる質問紙で，どちらも本人をよく知っている支援者や家族が記入します。またどちらも選択肢を選んで回答する形式なので，記入は難しくありません。記入の年月日と記入者名を忘れずに書くことが重要です。

　DSQIIDは主に以前の状態からの変化を問うものなので，1回の記入で認知症の疑いがあるか大まかに判定できる点が便利です。しかし，継続して何度も評価する場合には，いつからの変化を記入すべきか戸惑うことがあるかもしれません。一方，MOSESは，記入する前4～6日間の行動を回答するもので（Dalton et al., 2002），継続的に記録し変化を観察するのに適しています。しかし，認知症の疑いがあるか一律に判定する基準が示されていないので，どのタイミングで受診するかは完全に各支援者の判断に任されます。それぞれに長所があるので，可能なら両方記録するといいでしょう。なお，DSQIIDはインターネット経由でダウンロードできます（志賀，2013）。インターネットを利用していない人は，普段利用している図書館の窓口に相談すれば，有料でコピーを取り寄せられます。MOSESも図書館でコピーを取り寄せられます。あるいは書店などに注文し，MOSESが掲載されている本を購入する方法もあり

ます。

　どこの医療機関を受診するかは，多くの人が悩むことです。馴染みの医療機関があれば，まずはそこに相談しましょう。どこにかかったらいいか見当もつかない人は，各都道府県にある認知症の専門医療機関である「認知症疾患医療センター」の相談窓口に問い合わせてみる方法があります。知的障害がある人の認知症については詳しくない可能性が高いですが，さまざまな精神科疾患がある人の認知症に対応しているので，本人の状態を説明しながら，検査や診断が受けられるか相談するとよいでしょう。また，精神保健福祉センターや保健所も，医療機関に関する情報を提供しています。このほか，ダウン症の人を支援した経験はあまりないと思われますが，市区町村の各地域を担当している「地域包括支援センター」も，地域の認知症診療に関する情報をもっています。

　なお，「認知症」という診断名は通常，症状がほかの病気によるものでないことを確認した後につくものです。診断までには詳しい問診といくつかの検査を受けるのが普通で，たとえば一般人口における調査では，認知症の発病から診断までの期間は平均で24.1 カ月だったという報告があります（上村，2013）。一方で，一般の医療機関では"ダウン症の人の認知機能が低下したらアルツハイマー病"と安易に決めつけ，治る病気の可能性を考えた検査や診療が行われないこともあるそうです（McGuire & Chicoine, 2006）。もし，何の検査もしないまま認知症といわれたら，できれば基本的な検査は受けたいこと，必要があればほかの医療機関を紹介して欲しいことを伝え，相談にのってもらうことをお勧めします。

(3) 症状とケアの基本

①初期

　先に紹介したアメリカの成人ダウン症センターによれば，ダウン症の人の認知症は，とくに初期に機能レベルがよく変動し，数秒から数週間の単位で不調と復調をくりかえしながら，徐々に全体的な能力が低下していく経過をたどるそうです。また，ダウン症の人に特徴的な症状で，早い段階から出現するものとして，今までなかったけいれん発作が現れること，歩くときの身体のバランスがおかしくなったり，歩けなくなること，食べ物を飲みこむのが難しくなり，

むせたり，食べたがらなくなったりすることが紹介されています（McGuire & Chicoine, 2006）。話すスピードや動作全般がゆっくりになることも，よくみられる症状といわれています（Deb et al., 2007）。このほか，一般の認知症と共通の徴候・症状，たとえば以前と比べて身のまわりのことができなくなる，約束が守れなくなる，ものの置き忘れや無くしものが増える，昼夜を混同して夜に活動しようとする，趣味への意欲や関心が薄れてきた感じがする，など，さまざまな変化がありえます。

　医療機関を受診して認知症と診断された場合，医師から指示やアドバイスがあれば，それに沿って生活を送ります。治らない認知症でも，進行を遅らせたり症状を改善させる薬はあるので，薬が処方されていれば使用します。また，医師が有用と認め，サービスを提供する機関があれば，医療保険や介護保険によるリハビリテーションを受けることもできます。ただし現時点では，介護保険の利用は40歳以上の人に限られています。さらに注意が必要なのは，介護保険の認定を受けると，それまでのように障害福祉系のサービスを使えなくなったり，自己負担額が変わったりする場合があることです。身近な相談支援事業所や地域包括支援センターなどに相談し，事前によく確認しましょう。ダウン症の人の場合，診断されてから亡くなるまでの期間は，平均で3.5年とも6年とも報告されており（McCarron et al., 2014），早い段階から，本人や家族・支援者をサポートしてくれる機関との関係づくりが重要です。相談支援事業所や地域包括支援センターについては，市区町村の役所・役場で教えてもらえます。また，65歳以前に発症した人については，「若年性認知症コールセンター」による無料の電話相談も利用できます（厚生労働省，2009）。

　日常生活では，この時期はまず，これまでの日課を無理せず継続できるように，環境を整えることを考えます。これは，認知症になると新しく記憶することが難しくなるので，日課を変えて混乱したり不安になったりするのを防ぐためと，本人が継続できる能力やそれに対してもっている誇りを奪わないためです。思い出せなくてもみればわかるように絵やメモを貼る工夫のほか，食べ物の匂いや，テーマソングなどの音も状況を理解する手がかりになります。上手に活用しましょう。わかりやすい環境を用意するという意味では，自閉症の人の支援によく活用されている「構造化」の考え方も参考になるはずです（井伊

ほか，2013）。ただし，認知症の人と発達期の自閉症の人では，好みにも活動の目的にも違いがあるので，できるだけ複数の支援職に相談しながら進めましょう。また，一連の行動，たとえば服を選んで着ることの全部は難しそうなら，一部を補助するために支援者が服を選んで枕元に置いておく，などの工夫もありうるでしょう。ときによりできたりできなかったりする変動があることを理解し，本人に努力を求めるより，できないときは援助を増やし，調子のよいときは援助を少なくする柔軟な対応をします。

次に，これまでの日中活動を継続するのが難しくなったときのために，本人がなんらかの意味ややりがいを感じ，しかも難しすぎも簡単すぎもしない活動内容を検討します。できなくなった作業にいつまでも従事させるなど，本人に努力を求めることが多いと，状態が悪化しやすいといわれています（Jokinen et al., 2013）。推奨できる活動の例として，芸術的創作活動やダンス，楽器の演奏，他の人とたくさん会話する活動，球技，ボードゲームやカードゲーム等が紹介されています（Kalsy-Lillico et al., 2012）。

治療しないままになっている身体的な不調がある人は，認知症が早期のうちに治療します。支援上問題となる行動は，実は本人が訴えない痛みのためであることがしばしばあります（Kerr et al., 2006）。介護者の不調も同様に，この時期に治療しておきましょう。また，メガネや補聴器の調整もこの時期にします。

自力で移動する力は徐々に弱っていくので，将来的に，歩行器などの使用や建物のバリアフリー化が必要になる可能性があります。リフォームが無理ならば，他の形態の住居に引っ越すことになるかもしれません。リフォームヘルパー事業や，選択肢となりうる別形態の住居について情報収集を始め，本人，家族，支援者で話し合い，認知症が進んだときの生活・支援をどこでどのようにするかの検討も始めておきましょう。

②中期

中期になると，これまでよりさまざまな能力の低下が明らかになってきます。できるだけ援助なく安全に食べられるよう，必要に応じてリハビリテーション医療職などに相談し，食べ物の固さや形状などにも配慮します。認知面では，同じ話や質問をくりかえすようになったり，話すことも，話を理解することも

難しくなり，意志疎通や共通理解を図りにくくなります。新しい記憶は失われがちな反面，古い記憶はよく保たれるため，失われていない記憶の中の一番最近の状況が，本人にとっての現在・現実になります。この結果，以前に住んでいた家に帰ろうとしたり，記憶の中の姿や年齢との食い違いが大きい人については，家族でも認識できなくなることがあります。本人にとっての現実と周囲の状況の不一致により混乱しやすいことに加え，記憶以外の脳機能の障害のために感情のコントロールが難しくなった場合には，攻撃的な行動や支援上問題となる行動が現れやすくなります。収集癖や徘徊，家族や支援者へのつきまとい，興奮，夕方から夜の早い時間にかけて攻撃的行動が増える「日暮れ時徴候」などが，問題となる行動として知られています（Jokinen *et al.*, 2013）。

　この時期の日常の支援では，できるだけ生活上の意欲や周囲への関心を維持するのが大切です。本人がよく取り組んでいた活動や楽しんでいた活動で，途中のどこで止めても自然なものを用意します。挫折感や失敗感をもたらすものや，新しい学習が必要なものは適しません。また，保たれている記憶の範囲で，本人と外界の結びつきを強調する働きかけをします（Jokinen *et al.*, 2013）。具体的には，一緒に写真や思い出の品をながめたり，思い出話をしたりします。本人が好きな歌を一緒に歌うのもいいでしょう。好きな人には庭いじりや水やりもいいのですが，枯れると挫折・失敗感をもつことがあるので，寒さ・暑さや根腐れなどに強い植物・栽培環境を選ぶなどの配慮が求められます。

　中期は介護にかかる時間がさらに増え，コミュニケーションの困難も相まって，家族や支援者が燃え尽きやすい時期です。今の住居でくらすことに限界があると感じ，施設入所，とくに老人ホームへの転居が検討されやすい時期でもあります。しかし，馴染みのない場所への転居は本人の混乱をさらに深めるので，介護側の都合だけを理由とする転居は推奨できません。また，本人に安心，安全な環境を提供するための転居であっても，突然に変更するのでなく，計画的，段階的に進める必要があります。その際，これまでの人間関係や社会とのつながりが切れないようにする配慮も必要です。どうにもならない行き詰った状況になってから無理に転居することのないよう，日々の通所・訪問サービスはもちろん，ショートステイやお試し入居なども積極的に活用しましょう。

③後期

　この時期になると機能低下はさらに進み，移動に車いすが必要になったり，けいれん発作が増えたり，安静に過ごすことが多くなったりします。発語も，他者からの働きかけへの反応もいっそう少なくなり，日常生活全般により多くの介助を要するようになります（Jokinen *et al.*, 2013）。医師から，胃ろうなどの経管栄養の検討を勧められることもあります。これには，栄養・水分を摂りやすくするほかに，誤って気管支や肺に食べ物が入ってしまうことで起きる肺炎を防ぐ意味もあります。

　反応がなくなると何もわからなくなったと誤解されがちですが，反応のなさに比べ，理解は保たれる傾向にあります。そのため，こちらからのポジティブな働きかけ，すなわち笑顔で短く声をかけるなど，は引き続き重要です。また，意味不明でも何か発声があったり，声は出なくてもしゃべるように口を動かしたときに，肯定的・受容的に応答するのも重要です（Jokinen *et al.*, 2013）。これらのことは，本人の不安を少なくするとともに，能力や周囲とのつながり，自発力をできるだけ維持するのに役立ちます。このほか，笑顔が出やすい環境で過ごすこと，調子がよければ一緒に口ずさみそうな馴染みの音楽・映像を流すこと，リラクゼーションとスキンシップを兼ねて寄り添って座ったり優しく揺らすことなども推奨されています（Kalsy-Lillico *et al.*, 2012）。

　認知症になるとさまざまな事故にあう危険が増すので，突然に最期を迎えることもありますし，徐々に進行する健康上の理由により病院で亡くなることもあります。自宅やグループホームで看取るなら，危険な状態になってからの数時間から数日，24時間の看護や見守りを，家族や支援者，同居者，医療や介護の専門職が連携し，役割分担しながら行うことになります。最期をどのように迎えるかは，誰にとっても重要かつ難しいテーマなので，あらかじめ考えたり，話題にしたりしておくことは大切です。しかし，明確な希望がなければ，どこでどのように亡くなるかにはあまりこだわらなくてよいようにも思えます。大切なのは，生きている間は一生懸命生きることです。一生懸命の形は当然に人それぞれですが，認知症とともに生きること自体，一生懸命生きる形の1つといえましょう。

(4) おわりに

　前項の「症状とケアの基本」は主に，アメリカで作成されたガイドライン（Jokinen *et al.*, 2013）を参考にしました。しかしこのガイドラインはまだ，アルツハイマー病を発症した知的障害のない人たちへの支援を，知的障害のある人たちにふさわしいと思われる形にまとめた段階のものです。より適した支援方法がどのようなものであるかについては，まだこれからの研究が必要です。

　認知症とともに生きることになる可能性は誰にでもあり，実際，日本ではすでに，65歳以上の高齢者のおよそ10人に1人が認知症です。にもかかわらず，認知症に対する正しい理解はあまり進んでいません。しかし，先進国が早期発見・早期対応で効果をあげているのに倣い，近年，地域のかかりつけ医の認知症対応力を高めようとする政策が始まりました。また，身体疾患の治療が必要になった認知症の人が，認知症でない人と同様に一般の病院で入院治療を受けられるよう，一般病院で働く医療従事者への認知症対応力向上研修も開始されました。「認知症サポーター」という，基本的な知識をもって本人・家族を見守る一般人を養成するための講座は，すでに受講者が300万人を超えたそうです。正しい知識は，患者と介護者，その他周囲の人々，皆の混乱を少なくします。身近な人が認知症を発症する前に，皆さんも認知症についてきちんと学んでおきましょう。

③ 精神医学的な問題への対応

　成人期ダウン症者が直面する健康や高齢化におけるリスク（それによって問題が起きる可能性）には以下の4つがあります。
　①病院のキャリーオーバー／トランジションの問題〔成人を診てくれない〕
　②精神疾患や症状への対処〔成人期疾患の治療経験がまだ少ない〕
　③高齢化への対応〔高齢者の問題が未整理である〕
　④退行現象への対処〔支援方法がわからない〕
　ダウン症者は，成人期に至っても小児科医にみてもらうことがこれまでありました。しかし，成人期に達する人々が多くなってきた現在では，小児科では

対応が難しく，年齢が上がるとみてくれる病院がみあたらないという声をよく耳にします。小児科から内科・精神科へとつなげていくルートがうまく確立していません。知的障害のある人の精神科疾患の有病率は一般に比べ3～4倍とされており，成人期ダウン症者においても，33.9％の人に精神的落ち込みや退行がみられたという報告があります（高野・高木，2011）。また，横田ほか（2011）はダウン症者の精神疾患の出現は決して珍しくなく，症状のタイプも多様であると述べています。まずは予防を考える必要性から，青年期（18歳頃）に専門医療機関につなげることが生活の質の向上に寄与すると指摘しています。

　医療技術の進歩とともにダウン症者の高齢化は急速に進み，元気にくらす高齢ダウン症者の増加もめざましいものがあります。健康に加齢していき，緩やかな機能低下が生じる人が多い一方で，さまざまな疾患や性格・行動の変化が生じることにより，もともとあった障害特性へのサポートに加えて，高齢化による機能低下への対策を必要とする人もいます。成人期の機能低下の1つに，退行現象（いったん獲得した日常生活の適応水準がなんらかの原因で獲得前の状態に戻るもの）があります。退行には，①老化を原因とするもの，②疾患を原因とするもの，③環境の変化にうまく適応できない精神的ストレスを原因とするもの（「急激退行」：徐々に退行するのではなく短期間で症状が出現し不調・不適応状態になってしまうもの。20代の若年期であっても起こりうる）があります。退行は，病名ではなく，そうした状態をさすものです。具体的な支援内容・方法については，まだ明確にわかっているわけではありません。

(1) 成人期ダウン症者の不調・不適応への疑問＆回答

> Q1　不調・不適応を示すのはダウン症者だけですか？
> 　　 ほかの知的障害者にはみられないのですか？
> 　　 なぜ成人期に多いのですか？

　A1-1　ダウン症者だけでなく，ほかの知的障害，自閉症，発達障害のある人にも不調や不適応を示す人はいます。人間関係を求めて，周囲とコミュニケーションする際に，うまくできない人たちには，不調や不適応といったリスクがあります。愛着行動の表現のうまさを獲得する人，対

人関係の距離を相手に応じて調節できる人は，ちゃんと人とつきあえますが，それらがうまくない人はつまずいてしまい，ストレスフルになり，不調や不適応につながっていきやすいのです。

A1-2　ダウン症者にみられる性格行動特性の影響もあります。ダウン症者には，自分を抑制しすぎるタイプも少なくありません。つまり，聞き分けのいい人です。また，一方で切り替えが苦手な人も多いです。柔軟性の低い臆病なタイプの人です。こうした性格行動特性が強い場合は，不調・不適応症状が出やすいといわれています。

A1-3　子ども期から成人期への移行がうまくできなかった人に多いようです。子ども扱いから，いきなりの大人扱いへの変化にすぐには慣れることができないということです。いつまでも周囲からかわいがられる「主役」でいたいという本人の思いとは違って，年齢から大人としての立ちふるまいを求められたりして混乱してしまうこともあります。

Q2　不調や不適応に対して，どんな対応が求められますか？

A2　大きく2つの対応に取り組みましょう。
　①環境調整
　　・生活リズムを確立しましょう
　　・活動内容，活動量，活動時間，活動場所を調節しましょう
　　・人間関係（仲間，職員，家族 etc.）を調整しましょう
　②医療・メンタル面への支援
　　・薬を飲んでみましょう
　　・カウンセリングや心理療法を受けてみましょう
　　・ヘルパー（外部人材）を活用しましょう

(2) 不調・不適応や退行現象の把握をしましょう

　成人期を健康に過ごしているダウン症者であっても，家族から以下のような変化があることがいわれています。

〈健康なダウン症者の加齢にともなう変化〉
　・太った　・運動しなくなった　・疲れやすい　・出不精になった
　・頭髪が減った　・皮膚に変化が生じてきた　・新たな病気を患った
　・口数が減った　・独り言が増えた　・趣味が変わった
　・怒ったり泣いたりの変化が激しくなった　・穏やかになった

　ダウン症者に限らず，一般の人でも，加齢にともないこうした変化はみられます。くりかえして強調しますが，上記の変化は，健康なダウン症者にみられたものです。あまり大きな問題とはいえません。しかし，不調や不適応を訴える人には，もっと大きな変化や症状が出現しています。

〈不調・不適応を示したダウン症者にみられた変化〉
　・元気がなくなってふさぎこんでいる　・口数が減った
　・うまくやれていたことをしてくれない　・興奮して暴れる
　・何事も拒否的で無気力になった　・昼夜逆転してしまった
　・トイレにこもる　・独り言ばかりしゃべっている
　・お風呂に入らない　・食欲が低下した　・動作が極端に遅くなった
　・こだわりが強くなった
　・自分で決めた儀式的行為をおこなう（何時間もかける）

　こうした変化に対して，家族は「仕事が合わないから」「仲間が悪いから」「職員の対応がうまくないから」「高齢だから」「もともと能力が低いせい」「病気（精神または身体疾患）にかかっているから」などと原因を追及したり，あきらめてしまうことがあります。保護者はダウン症の診断告知の後に，最初の障害受容をします。成人期になって，不調・不適応による変化を示す姿を受けとめて理解することはたやすいことではありません。よくないほうに変化するのですから，当然，家族のショックは大きいものです。そして，「なんで？」「どうして？」という疑問が大きく広がります。不調・不適応による変化を受け入れることは，第2の障害受容とまでいわれます。
　まずは，不調と不適応の状況・症状を把握する必要があります。表4-5に

表4-5　ダウン症者の不調・不適応の把握表

①睡眠；　寝つきが悪い／寝起きが悪い／睡眠が浅い／夜中に興奮する／何度も目覚める
②食事；　食欲がない／過食ぎみ／食べ方が極端に遅い／偏食が強い
③排泄；　失禁／頻尿／トイレに長くいる／トイレを嫌がる
④衛生・身なり；　歯磨きの拒否／着替えの拒否／洗顔の拒否／入浴を嫌がる
⑤注意力；　注視（焦点化）できない／不注意が強い（ボーッとする）／衝動性が高い／落ち着きがない
⑥動作スピード；　著しく遅い／著しく速い（興奮して）／停止してしまう
⑦応答性；　無反応／自分本位に反応する／過剰に相手を気にする／指示待ち
⑧作業などの達成度；　過剰適応してはりきって遂行／作業意欲が低い／雑に作業する
⑨問題行動の有無；　a こだわり（物，人，時間など）　b 不安が強い 　　　　　　　　　　c 言いがかりをつける　　d ボーッとしている 　　　　　　　　　　e 不適切な感情表出（泣く／笑い／怒る／興奮）　　f 独り言 　　　　　　　　　　g 抑うつ症状　　h 徘徊　　i 妄想にふける（ファンタジー） 　　　　　　　　　　j 幻覚・幻聴　　k 暴力（人やものにあたる）　　l 愛着を強く示す 　　　　　　　　　　m 過敏・過剰に反応する　　n 落ち着きなく動きまわる

注）評価：よくある〇　ときどきある△　ない×

把握表（項目）を示しました。

　不調・不適応を訴えるダウン症者に対しては，「行動・症状（言語，対人，動作，表情，異常行動）を把握する」「退行症状を引き起こした誘因（対人関係のストレスやトラブル，家族関係の変化）を探る」「生活リズム（睡眠，食事，風呂，排泄，着脱，外出など）をみなおす／立て直す（ときには薬物療法を行う）」「家族や職場仲間，交友者との関係（愛着）やコミュニケーション，距離の持ち方を検討する」の4つに取り組みます。

(3) 事例からみる支援方法

　20代の急激退行事例，30代の過剰適応事例，50代の高齢老化事例の3名のダウン症者を紹介します（表4-6，表4-7，表4-8）。不調・不適応といっても，1人ひとりの症状や状況などが違います。家族や生活環境を考慮し，生活リズムや人間関係などへのアプローチに取り組んでいきます。

第4章　成人期以降のダウン症者の心理・行動機能の低下予防

表4-6　20代の急激退行事例

・26歳　　　・男性　　・知能指数20　　・療育手帳A
・週5日，生活介護の事業所に通所している

主　訴：動作が極端に遅くなった，生活リズムの乱れがある
家　族：母と2人暮らし（短気で病弱な母はイライラして本人と衝突する）
契　機：特別支援学校から作業所への移行がうまくできなかった（環境変化にとまどっていた）。
　　　　［以前は元気で穏やかな性格だったが，うつむき姿勢になっていった］
症　状：
　・動作が止まる，着脱や靴を履くこと等に著しく時間がかかる
　・独り言（文句をいっている）が多い，イライラしてものにあたる，表情が固い
　・夜中まで起きている（AM2時まで眠れない）
　　→朝起きられない（10時）　→毎日，12時過ぎに登所
　・食事へのこだわりは強く，食べ終えないと気がすまない（1時間程かかる／咀嚼がゆっくり）
　・仕事はゆっくりながら行う（こだわり強い）
通　院：2～3カ月に1度，精神科クリニックで問診とカウンセリングを受ける
　　　　※服薬は母親の意向で拒否（副作用の心配から）
対　応：
　・穏やかに過ごせるような環境つくり　　　・生活リズムを整える
　・常に時間を告知し，切り替えるようにうながす　・ショートステイ利用をうながす

表4-7　30代の過剰適応事例

・34歳　　　・女性　　・知能指数33　　・療育手帳B
・週1日ほど，生活介護の事業所に通所している（本来は5日通いたい）

主　訴：情緒不安が強い
家　族：父，母と3人暮らし
契　機：同僚から仕事のミスやふるまいについて指摘されて（強い非難や悪口をいわれて）落ち込み，周囲を避けるようになった
　　　　［以前はがんばり屋さんで，自分から進んで仕事をして，皆から賞賛されることを生きがいにしていた］
症　状：
　・こだわりや不安が強い　　　・同僚に突然いいがかりをつける
　・不適切な感情表出（怒る，興奮，泣く）が多い　・フラッシュバックを起こす
　・独り言が多い　　・大勢の中にいることを嫌がる
　・ファンタジー性が強い（自分の世界に入り込み，昔のことを頭のなかで思い描く）

- ・人やものにあたる（ぶつ，投げる）　　・周囲の言動に過剰に反応する
- ・嫌な状況になると外へ飛び出す

☆生活リズムは良好／家庭では平穏に過ごしている☆

通　院：毎月，精神科クリニックで問診とカウンセリングを受ける
　　　　※抗精神病薬を服薬（徐々に情緒不安になる場面が減る）

対　応：
- ・集団から離れて，個室や1人で過ごす（→様子をみながら，徐々に集団に戻す）
- ・楽しい活動や談話を増やす（なるべく本人が安心できる人がかかわる）
- ・ヘルパーを利用して，外出や余暇活動を行う
- ・家庭での役割や仕事をしっかり行う

表4-8　50代の高齢老化事例

- ・53歳　　　・男性　　　・知能指数40　　・療育手帳B
- ・週5日，生活介護の事業所に通所している（グループホームに在住）

（小2まで通常学級で学び，その後は不登校で未就学．27歳から作業所に通う）

主　訴：体力がなくなってきた，ボーッとしている，物忘れがはげしい

家　族：母，兄2名（別居）

契　機：特にみあたらない
　　　　［以前は周囲に冗談をいって笑わせたり，仕事が生きがいで疲れ知らずだが，30歳後半から疲れやすく，夜の就寝が早くなったり，週末は自室で横になることが多くなった］

症　状：
- ・疲れやすくなり，すぐに座り込む　　・出不精になる　　・口数が減った
- ・不適切な感情表出（シクシクと泣く）が多い　　・独り言が多い
- ・ボーッとしている　　・動作がゆっくりになった
- ・不機嫌になると周囲に向けて暴言で威嚇する
- ・物忘れが激しくなり，何をしようとしたのかを忘れる

☆生活リズムは良好／自室では何もしないで座り込んでいる☆

通　院：2～3カ月に一度，精神科クリニックで問診とカウンセリングを受ける
　　　　※CT検査から脳の萎縮，スペクト検査から側頭および頭頂部の血流低下が認められ，アルツハイマー病の疑いを指摘された．服薬はなし．症状の進行にともない検討することにしている．

対　応：
- ・散歩や階段昇降，買い物などの外出と歩行訓練を行う
- ・余暇活動や談話をする場面を意図的に増やす
- ・疲れた様子がみられたら，すぐに休憩し，リラックスさせる
- ・計算や漢字の学習プリントに毎日取り組む

（4）支援と対応の実際

①家庭での対応

家族は，以下の点に留意して家庭生活をみなおしていきましょう。

- 生活リズムを整える
  （起床と就寝時間を一定に保つ，お風呂や歯磨きなどの清潔に気をつかう，1日3食と時間・量は一定にする）
- 家族は適切な距離をとって接する
  （子ども扱いしない，ベタベタしない，支配的に命令しない，うまくやれた場合はほめたりおだてる）
- 家庭での役割をもたせる
  （家事を分担して受けもたせる）
- 1人の時間や場をつくる
  （趣味，リラックスできる場所を提供する）
- ホームヘルプやガイドヘルプなどを利用する
  （家族や所属先の職員・指導員以外の第三者と接して活動する）

　年齢に応じたつきあい方を家族がみなおすことが大切です。そして，1人の大人としてプライドをもって生活できる役割と，一方で，癒しの場所と時間を提供してあげることです。

②日中活動における対応

　就労や福祉サービスが提供される日中の場において，ダウン症者に対して，同僚や支援者などはどのようなサポートや対応をすることが望ましいのでしょうか。

　健康に活動している人であっても，不調・不適応症状を示している人であっても，原則として，その人の意思や意欲，健康，生きがいを保障してあげることが優先されます。知的障害がある場合には，状況理解や意思を表現することに制約があるので，その点をくみとってあげながら対応します。一見簡単そうに思えますが，これはとても難しいことです。「この仕事はいやです！」また

は「がんばります」という言葉を発して意思表示するダウン症のある人がいました。この言葉は真の気持ちから出たものかもしれませんし，無理していっている場合もあるでしょう。つまり，言葉以外の，表情やしぐさ，行動などから，本人の思いを推測してあげなければなりません。

　基本は，1人ひとりのつまずきに寄りそうために，個別対応を考えていきます。ときには，全体の規則やルール，活動時間をまげて，その人のためのスペースやルール，対応，工夫を講じていくことです。本人や保護者，家族から，どうしてほしいのかを聴き取っていき，充分な話し合いをもちます。その上で，今すぐに対応できること，すぐにはできないこと，人手や物質・空間的な問題から難しいことなどに整理していきます。周囲の状況から特別扱いできないことも少なくありません。しかし，もともと障害などによる特別な支援が必要な人が多く，加えて，成人期に不調・不適応症状が出ているのですから，手厚い対応や特別な対処などをしてあげるべきでしょう。福祉サービス事業の中であれば，なおさらさまざまな障壁と折り合いをつけながら，部分的・限定的であっても取り組んでほしいものです。

③薬物療法

　精神科クリニックでは，不適応や不調の訴えに対する治療の中で，薬の服用により症状の緩和や生活リズムを整えることを行います。

　幻聴や興奮，過度のファンタジー（物語やエピソードなどをつくりあげて，他者とコミュニケーションをとらずに，自分1人の世界に入り込み浸ってしまう）が強くみられる場合は，抗精神病薬を処方されたりします。具体的には，「私の隣に小鳥のピーちゃんがいるの。かわいいよ」などと存在しないものがみえたり，それに話しかけたりしている姿や，過敏さが増して，周囲でうるさい音はしていないにもかかわらず，「うるさいよ！」「怒鳴らないでください」「赤ちゃんの声を泣きやませて」などと幻聴から興奮してしまう姿などが頻繁にみられる際は医師に相談しましょう。

　また，こだわりが著しい，場面や気持ちの切り替えの悪さが目立つ，うつ状態が強くみられるなどの場合は，向精神薬を処方されたりします。たとえば，同じパジャマを着替えずに何日間も着用し続けたり，お風呂にまったく入らず拒否が強い姿や，一度いいだしたら引けなくなり頑固に動かなくなってしまう

などが著しい場合です。うつ病様症状が強く出ている場合は、抗うつ薬が処方されます。

一方、不調や不適応症状を呈するダウン症者のほとんどが、睡眠に問題（昼夜逆転や浅い眠り、不眠など）が生じて生活リズムが崩れてしまうことが多いです。そうした場合は、睡眠導入剤や睡眠薬が処方されます。抗精神病薬や向精神薬、抗うつ薬を服用する前に、睡眠薬で生活リズムの立て直しをはかる処置がとても多くみられます。

その他に、アルツハイマー型認知症進行抑制薬やパーキンソン症状治療薬などが、症状に応じて処方されたりします。効果については個人差が大きく、症状が軽減する人もいれば、あまり変化がない人もいます。薬が効きすぎる人も多く、症状を緩和する以外の変化や効果が出すぎる場合が報告されています。ダウン症者は、自身の変化に気づきづらい人が多いので、周囲が注意深く観察し、医師に細かく報告しましょう。

④カウンセリング

カウンセリングとは、患者やクライアントの抱える問題や悩みに対して、心理職・カウンセラーが臨床心理学などの専門的な知識や技術を用いて行う相談援助のことです。本来は、会話や作業を通して自らに向き合い、自己理解や洞察に自発的にたどりつき、最終的には実生活の問題や悩みに相対していけるように心理職・カウンセラーが導くものです。しかし、専門家でなくても、悩みを聞いてあげたり、ストレス発散のためにおしゃべりをしたり、愉しいゲームや活動に一緒に取り組むことでも構いません。

ポイントは、1対1のリラックスした親和的な状況で、寄りそってくれる誰かがいることを意識させて、自発的に夢中になって発言・行動する場面を提供できるかどうかです。不調や不適応症状が出ている場合は、1週間に1回（20分～1時間ほど）は、こうしたカウンセリングの場を設定してあげられることが理想的です。

第 5 章

成人期の
サポート実践プログラム

健康でくらしている人,加齢にともない老化現象がみられる人,以前に比べて体力や能力が落ちてきた人,不調を訴える人など,成人期のすべてのダウン症のある人に向けたコミュニケーション機能維持,健康維持・栄養管理,運動機能維持,余暇支援,学びの支援,就労支援をうながすための 6 領域のプログラムを紹介します。プログラムは,「めあて」「道具／教材／場所」「概要」「サポートの決め手」から構成されています。家庭や施設(福祉サービス事業所など)で,個々のダウン症者の状況に応じて,工夫して実施してください。どれから取り組んでもかまいません。支援者とともに,取り組みやすいものから,あるいは必要性,施設環境などに応じて,柔軟に選んで取り組んでみましょう。

1 コミュニケーションを豊かにするプログラム

いやな気持ちを上手に伝えよう（アサーションスキル）

▶めあて

　まわりの人が騒がしかったり言動が気になったりしたときに，自分のいやな気持ちを感じよく伝えるいい方を紹介し，一緒に考えたり練習したりすることでコミュニケーション能力を高めます。

▶教材

　シナリオ「騒がしい状況」

▶概要

1. シナリオ「騒がしい状況」に対する3人（ドラえもんのキャラクター）のいい方をみる。

「騒がしい状況」
ジャイアン：うるさ～い！！　おまえ，静かにしろ！！！
のび太くん：……（本当は静かにしてほしいけど，何もいわず黙っている）
しずかちゃん：ごめんね，今本を読んでいるからもう少し静かにしてもらっていい？

---

2. 支援者が3人のいい方について説明し，どのいい方の感じがよいか一緒に考える。

【ジャイアン】自分のことだけ考え，相手の気持ちは考えていないいい方
【のび太くん】相手を優先して，自分のことは後回しにしているいい方
【しずかちゃん】自分のことも相手のことも考えているいい方

---

3. しずかちゃんのように，自分のいやな気持ちを感じよく伝えるいい方を練習しましょう。

★サポートの決め手！

　3人のいい方について説明する際は，文章だけでなく「○と×」などで示すとわかりやすいでしょう。

> 【ジャイアン】自分は○,相手は×
> 【のび太くん】相手は○,自分は×
> 【しずかちゃん】自分も○,相手も○

参考文献

平木典子(2007)図解 自分の気持ちをきちんと〈伝える〉技術,PHP研究所
八巻寛治(2009)みんながなかよくなれる学級ゲーム,小学館

頼まれごとを上手に断ろう(アサーションスキル)

▶めあて

　仲のよい友達から何かを頼まれるとき,すべて引き受けられればお互い気持ちよく過ごせますが,ときには断りたいと思う頼まれごともあるでしょう。自分もよく,相手もよいような断り方を考えます。

▶教材

　シナリオ「そのペン貸して!」

▶概要

1. シナリオ「そのペン貸して!」に対する3人(ドラえもんのキャラクター)の断り方をみる。

> 「そのペン貸して!」
> ジャイアン:なんでおまえに貸さなきゃならないんだよ!
> のび太くん:う~ん,どうしよう,貸してあげようかなぁ(でも本当は……)
> しずかちゃん:ごめんね,これはお父さんにもらった大切なものだから貸せないの,こっちの鉛筆ならいいんだけど。

2. 支援者が3人の断り方について説明し,どの断り方がよいか一緒に考える。

> 【ジャイアン】自分のことだけ考え,相手の気持ちは考えていない断り方
> 【のび太くん】相手を優先して,自分のことは後まわしにしている断り方
> 【しずかちゃん】自分のことも相手のことも考えた断り方

3. しずかちゃんのように，自分のことも相手のことも考えた断り方を練習しましょう。

★サポートの決め手！

断り方のポイントを伝える。
- 断る理由をいう
- 断りの言葉をきちんという
- 代案があればいう
- 断られた相手の気持ちを考えて丁寧ないい方をする

参考文献

平木典子（2007）図解 自分の気持ちをきちんと〈伝える〉技術，PHP研究所
八巻寛治（2009）みんながなかよくなれる学級ゲーム，小学館

質問して会話を始めよう

▶めあて

質問には，知らないことを知る働きだけでなく，季節の話などと合わせて使うことで初対面の人や親しくなりたい人と会話を始めたりする働きもあります。本人が，質問を使って会話できるようにします。

▶道具 / 教材 / 場所

とくになし

▶概要

1. 会話に使える「季節の話」「質問」の例を提示します。

季節の話（例）
・今日は暑い（寒い）ですね
・桜（紅葉）がきれいですね
質問（例）
・最近どうですか，忙しいですか？
・明日は休みですか？
・明日は天気いいですかね？
・どこかお出かけになる予定はありますか？

2. 支援者が相手になって「季節の話」や「質問」を使った会話を練習してみましょう。

> 会話例【本：本人，支：支援者】
> 本：「今日は暑いですね」「最近どうですか，忙しいですか？」
> 支：「そうですね，最近は忙しいですね……」
> 本：「明日は休みですか？」
> 支：「久しぶりに休みです」
> 本：「明日は天気いいですかね？」
> 支：「晴れるみたいですよ」
> 本：「今桜がきれいですね」「どこかお出かけになる予定ありますか？」
> 支：「そうですね，ドライブにでも行きたいですねー」

3. 会話をさらに広げることができるような質問を一緒に考え，会話を楽しみましょう。

★サポートの決め手！

　会社や事業所には本人がお気に入りの同僚や職員がいるかもしれません。その人が練習相手になれば本人の意欲も高まり，より効果的でしょう。

参考文献

田中和代（2004）ゲーム感覚で学ぼう コミュニケーションスキル，黎明書房
内山辰美・櫻井弘（2003）質問する技術が面白いほど身につく本，中経出版

ダンスでコミュニケーション

▶めあて

　軽快で和やかな雰囲気を味わえるアイリッシュダンス。ダンスによる健やかなスキンシップを通して心身のコミュニケーションを楽しみます。

▶道具／場所

　アイリッシュ音楽のCD，ラジカセ等／数人が手をつないで広がり円になれる程度の空間

▶概要

① 数人（できれば偶数がよい）で手をつなぎ円になります
② 音楽を流します
③ 皆で手をつないだまま音楽に合わせて右や左に回ります
④ 皆で手をつないだまま音楽に合わせて円を大きくしたり小さくしたり（離れたり近づいたり）します
⑤ 2人組になって手をつなぎます
⑥ 2人組で手をつないだまま音楽に合わせて右に左に回ります
⑦ 2人組で手をつないだまま音楽に合わせて近づいたり離れたりします
⑧ 再度皆で手をつないで③〜④をくりかえした後，さっきと違う人と2人組になり⑤〜⑦をくりかえします

　皆で肩を組んで回ったり，2人組でつないだ手を右左にゆらしたり上下したり，他にもいろいろな動きを取り入れてスキンシップによる心身のコミュニケーションを楽しみましょう。

★サポートの決め手！

　支援者が「はい，右」「はい，左」「はい，近づいて−」などタイミングよく声をかけましょう。

フルーツバスケットをやろう

▶めあて
　フルーツバスケットは言葉を用いた簡単なコミュニケーションゲームです。鬼になった人はキーワードをいろいろ変えていくことで，参加している仲間の知らなかった一面を知ることができます。

▶道具／教材／場所
　人数より1つ少ないイス／フルーツバスケットの手順／参加者が円になって座れるほどの適当なスペース

▶概要
1. フルーツバスケットの手順を皆に説明します。
   ① 鬼を1人決めて，ほかのメンバーはイスに座ります
   ② 鬼はキーワードをいいます
   ③ 鬼がいったキーワードに合った人だけが別の席に移動します
   　※キーワードに合った人はかならず移動します
   ④ イスに座れなかった人が，次の鬼になります
   ⑤ ②の手順にもどり，くりかえします
2. もし鬼になったときは皆に聞いてみたいことや質問したいことをキーワードにするとよいことを伝えます。

キーワード例
・今日の朝，パンを食べてきた人　・昨日の夜，〜のTVをみた人 ・6月生まれの人　・兄弟がいる人　・今，彼氏（彼女）がいない人

3. 実際にゲームをやってみましょう。

★サポートの決め手！
　鬼がキーワードをなかなか思いつかなくなってしまったり，似たようなキーワードばかり続くようになってしまったら，支援者が別のキーワード例を示したりしてゲームを盛り上げましょう。

参考文献
　田中和代（2004）ゲーム感覚で学ぼう コミュニケーションスキル．黎明書房

メールでやりとり

▶めあて

　就職やきょうだいの結婚など，近しい人と離れるできごとは大きなストレスをもたらす場合があります。離れてしまった相手ともメールのやりとりをすることで，精神的な安定をはかります。

▶道具 / 教材 / 場所

　携帯電話，スマートフォン，パソコン / メール作成手順例 / 実家やグループホーム，事業所や会社（休み時間）

▶概要

1. メール送受信の一連の流れを練習します。

メール作成手順例
① 相手の名前をアドレス帳から選ぶ
② 「相手の名前」を書く
③ 「あいさつ」を書く
④ 「内容（相手に伝えること）」を書く
⑤ 「自分の名前」を書く
⑥ 間違いがないか確認する
⑦ 送信する
⑧ （支援者が返信した）メールをみる

2. 離れている目的の相手にメールを送る練習をします。
   ① 支援者はあらかじめメールを送る相手に返信協力を依頼しておく
   ② 1. の手順でメールを作成し，送信する
   ③ （目的の相手が返信した）メールをみる
3. 本人だけでメールのやりとりをやってみます。

> ・どんな内容を書いたらいいかわからない人には　⇒内容例の提示
> 　「今日１日の私の仕事（したこと）」「今日のオモシロ話（みたこと聞いたこと）」など

・複雑な操作を覚えるのが苦手な人には　⇒SMS（ショートメッセージサービス）の利用
　　操作が単純で，Eメールのようにインターネットにつながることで生じる諸問題を心配しなくてよい。ただし料金がEメールに比べ割高で，多用すると支払いが高くなるので注意が必要。

★サポートの決め手！
　マナーやルールを具体的にわかりやすくきちんと伝えておく（返事がすぐに返ってこないときに怒ったり何度も同じメールを送ったりしない，仕事中にはメールをしない，など）。

会議をひらこう

▶めあて
　会社や障害福祉サービス事業所などでは行事をする機会があるでしょう。本人たちにかかわる中身や役割分担などを決める際は，本人たち主体の会議を開き自分たちで話し合う力や習慣を養います。
▶道具／教材／場所
　記録ノート，筆記用具／会議の進め方例／テーブルと椅子のある部屋
▶概要
【会議の進め方例】
1. 司会者・記録者を決めておく。
　支援者は司会者・記録者と前もって進め方などを打ち合わせする。司会者はしばらく同じ人が続けて担当する。
2. 皆で机を囲むようにして座り会議をする雰囲気をつくる。
　支援者はいやがっている人を無理矢理席に着かせず，会議の内容に関係ある写真や絵を使って声掛けするなど興味が向くような工夫をする。
3. 話し合いをする。
　① 司会者が話し合う内容を皆に伝える
　② 司会者が1人ひとりに意見をたずねる

③　記録者は皆の意見を記録する
④　意見をまとめる（多数決，いくつかの意見を1つにまとめる，決まらないので次回もう一度話し合う，など）

> 支援者は……
> ・あくまでオブザーバーとして参加，会議を誘導しないように気をつける
> ・会議中，発表者の発音が不明瞭な場合や非言語的な表現の場合など他者に意見が伝わりにくいときは，代弁したり紙に書いてもらって意見をひろったりしてサポートする（司会者に，サポートの手本をさりげなくやってみせるようにし，会議を重ねるごとに支援者によるサポートの量を少しずつ減らしていく）

★サポートの決め手！

・会議のための時間と場所をきちんと確保すること（たとえば「14：00～15：00，食堂」など）。
・初めのうちは，選択したり考えたりしやすいような内容について話し合うとよい（たとえば「誕生会の食事メニュー決め」など）。

気分転換しよう（休憩時間の過ごし方）

▶めあて

　何をするのか決まっていない休憩時間，実は仕事の時間よりも過ごし方が難しいかもしれません。気の合う仲間と話したり楽しんだりして気分転換できるような過ごし方のレパートリーを増やします。

▶道具／教材

　フラフープ，ボール，ラケット，折りたたみ椅子，CDラジカセ，ギター，マイクカラオケ，トランプ，オセロ，麻雀など／休憩時間メニュー表

▶概要

1. 下にあげたような休憩時間の過ごし方例を載せた「休憩時間メニュー表」をつくり，掲示しておきます。

【運動しながらコミュニケーション】
フラフープ／キャッチボール／ボール蹴り／バドミントン／卓球　など
【ゲームしながらコミュニケーション】
トランプ／オセロ／麻雀　など
【趣味を楽しみながらコミュニケーション】
・CDを聞きながら，好きな音楽の話をしよう
・マイクカラオケ（簡易カラオケ）しながら次に唄う歌の相談をしよう
・ギターの弾き語りを一緒に楽しもう
【ゆったりコミュニケーション】
・キャンプ等に使う折りたたみ椅子を並べ，座っておしゃべりしよう
・日当たりのいい場所に座って日向ぼっこしながらおしゃべりしよう
・携帯電話やスマートフォンでメール交換しよう

2. 「休憩時間メニュー表」から過ごし方を選んで，気の合う仲間と一緒に気分転換しましょう。

★サポートの決め手！

・支援者も一緒に楽しんだりゆったり話をしたりしましょう（雑談の中には今後の支援につながるヒントがたくさん隠れているものです）。

・ときには1人になりたいときもあるので配慮しましょう。

忘年会に参加しよう

▶めあて

　地域の同世代とふれあえる場，たとえばスポーツサークルの忘年会に支援者と一緒に参加して，お酒やジュースを飲みながら冗談をいいあうようなリラックスした場でのコミュニケーションを楽しむ。

▶場所

　居酒屋など

▶概要

【例：地域のスポーツサークルの忘年会に参加】

1. 前もって本人と一緒に何回かサークルに参加して，本人がチームの皆と顔見知りになるようにしましょう。
2. 本人への忘年会の誘いを支援者ではない別のメンバーからしてもらうことで，本人が支援者以外の地域の同世代とつながるきっかけにしましょう。
3. 忘年会当日，忘年会の様子がイメージできるような話を本人と一緒にしながら会場に向かいましょう。
4. 忘年会開始，会話する際に本人の発音が不明瞭でいいたいことが相手に伝わりにくい場合は支援者が橋渡ししましょう（支援者以外の人でも聞き慣れるとしだいにいいたいことがわかるようになってくるかもしれません）。
5. 同世代の趣味の話や異性の話の輪に入って一緒に楽しみましょう。
6. サークル仲間の家族（たとえば配偶者や小さな子どもたちなど）も参加していれば，ふれあいの幅がさらに広がり本人にとって楽しいコミュニケーションの場となるでしょう。
7. 次回のサークル行事にも参加してみたいかどうか，会の終わりころの楽しい雰囲気の中で本人と話をしてみましょう。

★サポートの決め手！

・一緒に参加する支援者は，できれば本人の親でないほうがよい。
・一緒に参加する支援者は，できれば本人と同世代か若いほうがよい。
・本人の食べすぎ飲みすぎに配慮しておく。

洋服屋さんに行こう

▶めあて

　洋服は親が買ってきてくれるから……なんて人もいるかもしれませんが，実際にお店に自分で行ってみて商品を選んだり試着したりする中で店員さんとコミュニケーションすることをめざしましょう。

▶場所

　デパート，ショッピングモール等

▶概要

　洋服屋さんで商品をみていると店員さんのほうから話しかけてくることが多いです。また，試着したいときなど，自分から話しかけるときもあります。
1. 本人がお客さん，支援者が店員さんの役になって，商品選びや試着の場面の練習をしてみましょう。

> 場面例【支：支援者（店員の役），本：本人（客の役）】
> 支：「それ新しく入ってきたシャツなんですけど柄がかわいいですよね」
> 本：「かわいいですね。でも少し値段が高いですね」
> 支：「こちらのシャツはどうでしょう。値段も手ごろですよ」
> 本：「いいですね。これ試着してもいいですか？」
> 支：「いいですよ。こちらの試着室でどうぞ」
> ―試着室の中で試着―
> 支：「いかがですか？」
> 本：「少し大きいので，もうちょっと小さいサイズはありますか？」

2. 実際に洋服屋さんに足を運び，練習したことをイメージして店員さんとやりとりをしてみましょう。

★サポートの決め手！
・本人が慣れないうちは一緒に行って手本をみせます。その際は，買い物を手伝うという感じより一緒に買い物を楽しむ感じのほうが「また行ってみよう！」という本人の次の意欲につながるでしょう。
・お店では，洋服屋さんでのマナー（開いた服を簡単にたたんで戻す等）も手本を見せたり教えたりするとよいでしょう。

② 健康維持・栄養管理のためのプログラム

早寝・早起きをしよう

▶めあて

　自分で決めた時間に寝起きし，生活リズムを整えて健康に過ごすことが目的です。睡眠は脳と体の疲れをとり，ストレスを解消する効果があります。

▶道具 / 場所

　めざまし時計，アラーム機能のついた電子機器 / 家庭

▶概要

　起きる時間と寝る時間を決め，習慣化するとよいでしょう。めざまし時計やアラーム機能の使い方を覚え，自分で毎晩セッティングしてから寝るように練習してみてください。一度めざめてもすっきり起きられず二度寝をしてしまうなど，朝起きるのが苦手な人は，念のためアラームを一定時間くりかえし鳴らすスヌーズ機能を活用するとよいかもしれません。ダウン症のある人に限ったことではありませんが，深夜の時間帯に放送されるテレビ番組をつい夜更かししてみてしまったり，携帯端末やパソコンでインターネットを楽しんでいて時間を忘れてしまったりして，寝るのが遅くなり翌日眠気がとれず困ったという経験をおもちの人は多いのではないでしょうか。就寝の前にはなるべく刺激を避け，落ち着いて過ごすことが望ましいといわれています。もしこういったことで就寝が遅くなってしまっている場合には，「遅い時間にどうしてもみたい番組がある場合は録画しておいて翌日以降にみる」「携帯端末やパソコンの利用は○時まで（それ以降は居間で保管する）」といった決まりを本人と相談して決め，守るよう約束するとよいでしょう。

★サポートの決め手！
- 温かい飲み物を飲んだり軽いストレッチをしたりして体をリラックスさせる。
- 湯たんぽやクーラーなどで体温を調節する。
- 明かりを落として部屋を暗くする。

楽しいお風呂・サウナ

▶めあて

　入浴には，温熱作用，水圧作用，浮力作用の3つにより得られる効果があるといわれています。ダウン症のある人は体液循環が悪い傾向にあるため，入浴によりこれらの効果を得ることは健康維持につながります。楽しんで入浴できることをめざしましょう。

▶道具/場所

　気に入っているバスグッズ/浴室

▶概要

　入浴は，お湯の温度によって異なる効果が得られるといわれています。ぬるめのお湯（夏なら38～40度，冬なら41度くらい）につかると，脳内の副交感神経が刺激されます。副交感神経とは，体を緊張から解きほぐしてリラックスさせる神経です。入浴以外では睡眠中や食事中に強く働き，心身を休ませて疲れを癒してくれます。1日の活動を終えて夜寝る前であれば，ぬるめのお湯にゆっくりつかるという入浴の仕方がよいでしょう。反対に，42度以上の熱いお湯は交感神経が優位になります。心臓の鼓動が高まり，血の巡りが活発になって，体は活動の状態になります。仕事をしているときなどは，この交感神経が活発に働いていると考えられます。朝起きてこれから活動をしようという場合には，熱めのお湯に入って体と心をしゃきっとさせる，という入浴の仕方がよいのではないでしょうか。また，入浴があまり好きでなく長時間つかっていられない場合，タイマーを用いて「○秒は肩までつかる」と決めておくこともよいでしょう。お風呂を自分にとってのくつろぎ空間にすると，入浴がより好ましいものになります。好みのにおいの入浴剤を使ったり，バスグッズにこだわって選んだりしてみるのも楽しいものです。

★サポートの決め手！

・支援者と一緒に入浴し，支援者をモデルとして入浴のマナーを学ぶ。
・飲み物や雑誌などをもちこみ入浴しながら楽しんでもよい。

マッサージをしてもらおう

▶めあて

　マッサージをほかの人からしてもらうことは健康維持に効果があります。1つは、心に対する効果です。不安や憂うつ、怒りなどのネガティブな感情が、人に触れられることで和らぎ、気分が落ち着いたり活気が出てきたりすることが報告されています。

▶道具／場所

　ツボ押しグッズなど／横になれるスペース

▶概要

　ダウン症のある人の場合、人とのスキンシップや体を使ったかかわりを好むことも多いようです。「手当て」という言葉どおり、優しく触れることでぬくもりや思いやりを伝えることができます。マッサージのもう1つの効果は体の緊張を和らげる効果です。肩や腰のこり、腰痛、頭痛などの痛みをはじめ、むくみや炎症を抑える効果もあります。リンパ節に沿って刺激を与えリンパの流れをうながしたり、体を動かして疲労した筋肉を揉み、こりをとったりすることで、体調がよくなることが期待されます。マッサージをしてもらう相手は、家族や職員などの支援者、マッサージ師などのプロが考えられます。プロが施術する場合には問題はないと思われますが、専門の知識をもたない支援者がマッサージを行う場合には、本などを参考に簡単なマッサージの仕方を学んだり、本人が心地よいと思える程度の弱い刺激にとどめるようにしたりしましょう。

★サポートの決め手！

・支援者と本人が交互にマッサージをし合うこともよい。
・ヨガやストレッチをとりいれ、本人も呼吸や筋肉の伸びを意識してマッサージを受けることも効果がある。

バランスのとれた食事をとろう

▶めあて

　ダウン症のある人は，一般に運動機能が低く体を動かすのが得意でないことや，大人になり学生時代より活動量が低下しても食習慣を変えないことが要因で肥満傾向の人が多くみられます。一部では，強いこだわりから特定のものしか飲み食いしないという行動上の問題をもつ人や，バランスよく食事せず１品食いの傾向がある人もいます。そのような場合には食習慣から改善しなければなりません。バランスのとれた食事を適量とることをめざします。

▶教材

　食品成分表，インターネットサイト

▶概要

　毎日の食事でどれくらいのカロリーをとっているかを見直し，１日の摂取カロリーを適正なものにしましょう。食品成分データベース（文部科学省，2013）などをはじめ，インターネットや本を使ってカロリーを調べることができます。また，一般的にダウン症のある人は小柄であり運動量も少ないため，一般成人の基準カロリーを当てはめることはできません。インターネット上では，身長や体重，運動強度などを入力し基礎代謝を調べることができるサービスもあります。これらをうまく使い，バランスのよい食事の内容を考えていくとよいでしょう。

　また，ほかの人がおいしそうに食べているのをみたり，食事を仲間とともに楽しい雰囲気でとったりすることも健康的な食生活を送る意欲を高めるのに役立ちます。ときにはダウン症のある人自身が支援者とともに調理をして，できたものをほかの人と一緒に食べるといった活動をとりいれるのも，食への関心を高めるためには効果的です。

★サポートの決め手！
・支援者は好き嫌いせずいろいろなものをバランスよく食べることを推奨する。
・多くの場合，ダウン症のある人はほめられることを好み行動の原動力となりうるため，バランスのよい食事をとれたときには称賛する。

アロマテラピーを楽しんで使おう

▶めあて

　アロマテラピーは，植物由来の芳香成分を用い，心身の健康を増進することをめざす技術です。医療行為とは異なり，特定の施術によって疾病や心身の状態を治癒・低減させるものではありません。香りによるリラクセーション効果やストレスケアによる健康維持・疲労回復をめざします。

▶道具

　精油，アロマディフューザーなどのアロマテラピー用の道具

▶概要

　アロマテラピーは重度の知的障害や精神障害などの，言葉によるかかわりが難しい障害のある人に対して，五感を活用して行うプログラムにとりいれられている例があります。ダウン症の人たちでも，このアロマテラピーを生活にとりいれて楽しんでいる人がいます。好みのにおいの精油を専門店で購入し，アロマディフューザー（精油を霧状にして空中に拡散させ芳香浴を楽しむための道具）で焚いて自分の部屋をいいにおいにしたり，ハーブティーやハーブを使ったジャムをつくって味わったりといった楽しみ方があります。また，ハーブや花などを自分で育てたり野山に行って採集したりして，それらを使ってポプリやせっけんをつくったりといった楽しみ方もあります。ダウン症のある人の中で，好奇心が強く人とかかわることを好むタイプの人や，おしゃれな人にこうした活動が好まれる傾向があるようです。心身の癒しと余暇の充実を同時に得られることも，アロマテラピーの大きな魅力の１つです。

★サポートの決め手！

・道具の使い方が難しい場合には支援者が使い方を教える必要がある。

・熱を使った作業では，安全に行えるよう配慮する。

上手にお医者さんに診てもらおう

▶めあて

　自分の健康状態を的確に支援者や医師に伝えることができることは，医療的・心理的ケアを受けるためには非常に大切なことです。しかしながら，自分の心や体に何かが起きていることはわかっても，それが何なのかわからない人や，それについて話し合えない人は大勢います。本人や支援者が不調に早めに気づき，医療機関にかかることで健康維持につとめましょう。

▶道具

　体重計，体温計など

▶概要

　ダウン症のある人は痛覚が低下しているという研究結果があります。痛みを感じないことで，痛覚刺激との接触を避けようという意識や，助けや治療を求める意識が低くなるため，痛みを感じて受診したときには通常よりも重篤な状態になっているというケースは少なくありません。また，検査や治療を受けるのがいやで痛みを伝えない人，周囲が理解できるような伝え方ができない人（たとえば自傷など問題行動で痛みを表現する人）もいます。このように，コミュニケーションが不得意な人には，支援者が注意深く観察し，普段と違う行動があったら痛みや不快の存在を疑うべきです。ダウン症のある人で，とくに健康上の問題が起きていない場合でも，定期的に健康診断を受けることをすすめます。健診の内容としては，年に一度程度の血液検査，尿検査，問診（学校や職場での適応状況，性格や行動の変化など），数年に一度程度の眼科受診，耳鼻科受診，聴力評価を行うとよいでしょう。また，家庭でも定期的な体重測定や行動の観察などを行うことが望まれます。

★サポートの決め手！

・受診前に健康状態を本人と支援者の間で確認しておく。
・本人が自分の言葉で表現できないような場合には支援者が観察して得られた情報を医師に伝える。

歯磨き──歯槽膿漏の予防をしよう

▶めあて

　ダウン症のある人は体液循環が悪い傾向にあり，これは歯茎の炎症の原因になりえます。思春期頃の歯肉炎が，20〜30歳代では歯周病（歯を支える歯槽骨までおよぶ炎症）に進行し，歯肉からの出血や歯のぐらつきが出てきます。ダウン症のある人特有の歯根の短さに加え，免疫機能との関係で健常者と比較して歯周病の進行が速いようです。そのため，幼少期からのていねいな口腔ケアが大切です。

▶道具／時間

　歯ブラシ，歯磨き粉，歯間ブラシ／食後，就寝前後

▶概要

　大人の場合，自立心や自尊心から保護者や介助者の介助磨きを受け入れないことが多く，歯周病が悪化しやすくなります。場合によっては30歳代から歯が抜けることもあるようですが，義歯を入れるのは困難な例が多く，咀嚼にも悪影響を生みます。食後にはかならず歯を磨く習慣をつけ，歯垢の除去をていねいに行うなどを心がけましょう。加えて，かかりつけの歯科医を決め3〜4カ月ごとに受診して口腔ケア指導や歯石の除去を行うなど，歯周病対策を行うことが望ましいでしょう。また，ダウン症の人に多くみられる特徴として，咀嚼をあまりせず丸呑みに近い形でものを食べる場合がありますが，そのようなときにも口腔内の歯周病菌が誤嚥性肺炎の原因になる可能性があります。そういった健康管理上の意味からも，常日頃から口腔ケアを充分に行うようにしましょう。

★サポートの決め手！

・細かい部分まで手磨きすることが難しい場合には，電動歯ブラシなどの導入を検討する。

・支援者も本人と一緒に歯磨きをすることで，習慣づけることができる場合もある。

スキンケアをしよう

▶めあて

　肌が弱く荒れやすいことも，ダウン症のある人の特徴の1つといえるでしょう。ダウン症のある人の場合，大人になってからも脂漏性湿疹，化膿疹，円形脱毛症，アトピー性皮膚炎などの皮膚科疾患に悩む場合が少なくありません。そのため，こうした肌のトラブルがある人については，大人になってからも医療機関の受診とていねいなスキンケアを続けることが必要です。

▶道具／時間

　保湿クリーム，外用薬／いつでも

▶概要

　頻繁に肌トラブルを起こしてしまう原因の1つは，体液循環の悪さだと考えられています。体液循環の悪さのために体温調節が自分ではうまくできず，エアコンの冷風に直接当たると冷えすぎてしまったりすることもあります。夏場は日焼けで肌を傷めたり，冬場はしもやけになったりと，肌に関する悩みは多いようです。また，皮脂腺の開口部が大きいために毛嚢炎や膿痂疹ができやすいといった問題もあります。保湿クリームを塗るなど日頃のスキンケアに気をつけましょう。スキンケアの方法としては，保湿クリームを塗るほか，マッサージ，できるだけ多く肌を外気に触れさせる，関節をこまめに動かすストレッチなどがおすすめです。

　アレルギーのある人もよくいます。環境因子がある場合はそれを取り除く（食物やダニ，ハウスダスト，肌着や化粧品などが因子になっている場合があります），肌を清潔にして保湿をする，炎症を抑える薬物治療を必要に応じて行うといった治療方法がとられます。

★サポートの決め手！
- 衣服の下のみえない部分については，本人に聞いたり行動観察をしたりして皮膚の状態を確かめる。
- 季節により皮膚の状態が変化することがある。不調になりやすい時期には，早めに対策を行うとよい。

感染を予防しよう

▶めあて

　ダウン症のある人は，免疫の不全のために気管支炎や肺炎にかかりやすく，総じて体力がない傾向がみられます。また，鼻炎や中耳炎などの耳鼻科的疾患にかかりやすいという特徴もあわせもちます。風邪をはじめとした感染性の病気から自分自身を守り，健康に過ごすために，感染予防を行いましょう。

▶道具

　マスク，せっけん，うがい薬

▶概要

　たとえば風邪では，かかっている人の鼻水や唾液といった体液が付いた手で自分の鼻や口の粘膜に触れることで感染します。そのため，ていねいなうがいやせっけんを使っての手洗いが効果的です。体液の飛沫は小さく目にみえないため，外出から帰ってきたら手洗い・うがいをする習慣をつけるとよいでしょう。感染のしくみについて，イラストや文章を用いて本人にわかるように説明し，手洗い・うがいをきちんと実行する意欲を育てることも効果的です。

　人ごみに行くときや，風邪が流行っているときにはマスクを使用するのも効果的です。マスクは安価な使い捨てのものでよいので，毎日交換して使うことをおすすめします。マスクの外側の部分は外気にさらされ，1日使った後だと汚染されている可能性があるからです。隙間ができないように装着することでより高い効果が期待されます。マスクの形にもいろいろなものがあり，鼻すじに沿うように柔らかい針金が入っているものや，広げると立体的な形になるものなどがあります。正しくつける方法を教え，目の下から顎まですっぽり覆うように着用することができるとよいですね。

★サポートの決め手！

　・咳やくしゃみのマナーを教える。

　・手洗いの方法を教える。

リラックスするためにお茶・お酒を飲もう

▶めあて

　日中の仕事や活動の疲れをとり，リラックスして過ごすために，お酒やお茶といった嗜好品がよい効果をもたらす場合があります。上手にお酒やお茶を楽しみ，リラックスしたり他者と交流したりすることができるとよいですね。

▶道具 / 場所

　お茶，お酒 / 飲食店，自宅

▶概要

　ダウン症のある成人の人で，週末に家族と行きつけの居酒屋にいってお酒を一緒に飲み楽しい時間を過ごしているという人や，お気に入りのお茶とお菓子を友達と囲んでおしゃべりするのを楽しみにしているという人はたくさんいます。余暇の充実は成人期の課題の１つであり，自由な時間を豊かに過ごすことはダウン症のある人たちの自己実現につながり，自尊心を高めることにつながります。嗜好品は，余暇を充実させるための魅力的なツールとなりうるでしょう。

　１つ注意したいことは，適量を守って楽しむことです。お酒の場合，適量であれば開放感を感じたり，陽気になったりしますが，適量を過ぎて飲むと気分が悪くなったり吐き気やめまいがしたり，感情の抑制が利かなくなったりといった変化が起こります。適量には個人差があり，その日の体調によっても変化しますので，どの程度が自分にとっての適量かを知っておき，ゆっくりと食事を楽しみながら飲むようにしましょう。また，お茶やコーヒーにはカフェインが含まれているものがあり，脳を覚醒させる効果があります。カフェインの取りすぎは不眠や興奮，胃痛といった副作用を引き起こすこともあります。適量と飲むタイミングに気をつけて楽しむようにしましょう。

★サポートの決め手！

・禁忌となるような疾患をもっていたり，併用できない薬を飲んでいたりする場合は控える。

・場合によっては支援者が制限をかける（過度・体質に合わないなど）。

③ 運動のプログラム

ストレッチング，ヨガ，ラジオ体操

▶めあて

　ストレッチング等の運動には，血流がよくなる，体の力が抜けてリラックスできる，心が落ち着くといった効果が期待できます。仕事の合間や家庭で日常的に取り組んでいきましょう。

▶道具／教材

　ヨガマット／ストレッチやエクササイズなどの DVD やテレビプログラム

▶概要

　市販の本や DVD を活用する場合は，運動を行う本人が集中して取り組める時間の長さ等を考慮し，運動メニューを厳選して行いましょう。ストレッチングについては，はじめに体の太い筋肉（腹筋や背筋，大腿筋等）を中心に行います。また，本人が見通しをもって自発的に体を動かせるよう，毎回同じ順番（流れ）で行うようにします。ヨガでは膝を曲げて体重を支えるようなポーズを意識的に取り入れるとよいでしょう。

　「NHK テレビ・ラジオ体操」は放送時間が決まっており，地域によっては早朝に公園等で行われている場合もあります。ヨガについても公民館や体育館で教室が実施されているので参加してみましょう。

★サポートの決め手！
・姿勢を保持する際に絵や写真等を用いて視覚的に提示する。
・大きな鏡があればそれを利用し，自身の姿をみながら行う。
・体のどの部位が伸びているのかを意識させる。
・呼吸を止めないで行うよう言葉かけを行う。

表現型のスポーツ(ダンス,エアロビクス,舞踊)

▶めあて

　ダウン症者の運動・スポーツ指導に音楽を活用することは,効果的な方法の1つです。ダンスや踊りにはさまざまなジャンルがあるため,その人に合ったものを選ぶようにしましょう。

▶道具/場所

　動きやすいウェアとシューズ,CDやDVDとそのプレーヤー/家庭や公園,公民館,体育館等

▶概要

　ダンスは伴奏に合わせ,個人で,あるいは集団で演じることを通して,自己表現することを楽しむ運動です。型にはめるのではなく,本人のペースで体を動かすこと(踊ること)が楽しめるよう,指導者がときおり賞賛を加えながら行いましょう。エアロビクスは心臓に負担がかからないようにスローテンポのものから始め,徐々にアップテンポのものにしていきましょう。また,最後はストレッチングなどを取り入れて呼吸を整えるようにして運動を終えることも大切です。日本舞踊やフラダンス等は体の各部位を意識しながら踊ることでその操作性を高めることができます。背筋を伸ばして姿勢を保つという点でも,とくにダウン症者にすすめたい運動です。また,地域に特有の踊りとして,代表的なものに阿波おどり(徳島県),花笠おどり(山形県),よさこい踊り(高知県)等があり,サークル等の活動が盛んに行われていますので参加してみましょう。

★サポートの決め手!

・スポーツクラブに入会し,自分の体力やレベルに合ったダンスに取り組む。
・日本舞踊,フラダンス,地域の踊り,それぞれの衣装を着てみる(気持ちを盛りあげるために)。
・発表会に参加し,「お披露目」の機会をつくる。

ウォーキング，ハイキング（山登り）

▶めあて

　学齢期を過ぎると歩く機会がめっきり減り，活動量がぐっと少なくなります。とはいえ，「歩くこと」それ自体を目的とするのではなく，楽しみながら活動量を増やせるよう工夫しましょう。

▶道具／場所

　活動量計（歩数計），歩きやすいウェアとシューズ／遊歩道や大きな公園，ハイキングコース等

▶概要

　交通量の少ないコースを探し，安全に歩くことができるようにします。また，アップダウンがあるコースを意図的に選ぶことで，負荷を上げることができます。普段電車で行くところを1駅手前で降りて歩いてみる等，ちょっとした工夫で活動量を増やすことができます。天候や気温に合わせて服装を選び，水分補給や休憩をとりながら実施するようにします。とくにハイキング（山登り）のときは，履きなれたシューズを履くことはもちろんですが，コースによっては足首が固定されるハイカットのシューズをおすすめします。到着地でお弁当を食べる，遊具等で遊ぶといった目的があれば，より意欲を高めることができます。野山に出かけ自然を感じながら歩くことは，日常から解放され心身ともにリフレッシュすることができるという利点もあります。

★サポートの決め手！

・活動量計（歩数計）を付けて歩数を計ってみる。

・トレッキングポール（ストック）を利用し，膝への負担を軽減させる。

・水分補給はこまめに行い，気温に応じて衣服の調節を行う。

自転車（サイクリング）

▶めあて

　自転車に限らずタイヤ付きの遊び道具（キックボード，インラインスケート，一輪車等）に乗ることで，ダウン症者が不得意とする「バランス感覚」を養うことができます。

▶道具／場所

　自転車／広い公園，交通量の少ない道路

▶概要

　自転車等は歩いたり走ったりするよりもスピードが出ることから，はじめに安全な止まり方やスピードの落とし方を身につけるようにします。自転車はサイズやサドルの高さが重要です。自転車に乗り慣れない場合には座って両足全体が地面につくようにサドルの高さを調節します。ペダルに足を乗せる前に，地面を足で強く蹴って進むことをくりかえします。その際に，両手に力を入れてハンドルをもつようにします。ブレーキははじめに止まったままの状態でグリップと一緒に握る練習をします。足で地面を蹴って進み，ブレーキをかけることができるようになったら，片足からペダルに足を乗せる練習をします。その際，親指の付け根の部分をペダルにかけるようにします。慣れてくるとスピードを出したくなるのですが，ことあるごとにブレーキをかける練習は続けましょう。サイクリングは行動範囲も広がり，筋力や心肺機能も鍛えられるので，ぜひ休日に楽しめるようにしたいものです。

★サポートの決め手！

・ヘルメットやプロテクターを着用し安全面に留意する。
・好きな場所や好きなお店等をコースに入れた「サイクリングマップ」を作成してみる。

水泳（水辺の遊び）

▶めあて
　水泳の特徴は，浮力により体への負担が少ないということです。水中を歩くだけでもよい運動になります。泳ぐ際には左右対称の動きをくりかえすので，全身の筋肉がバランスよく鍛えられ体のゆがみも起こりにくいといわれています。

▶道具／場所
　水着，キャップ，ゴーグル等，ビート板／プール，水辺（海，川，池）

▶概要
　水泳は呼吸の制限（呼吸をしたいときにできない）があるため体力を高めることができる運動です。陸上よりも心肺機能を向上させることができ，水の中に入ることで体温調節機能が向上し，風邪等に対する抵抗力がつくともいわれています。プールは公共施設としては身近なところにあり，最近は障害のある人たちへのプログラムが実施されているところも多く，ダウン症者には生涯をとおして取り組んでほしい運動種目です。いろいろな泳ぎを覚えることはもちろんですが，とくに身につけたい能力の1つとして「自己防衛力」があげられます。水の中での身のこなし，息を止める技術を身につけることは，水泳を覚えていく上で基本的な力となります。さらにルールの順守や団体行動がとれるようになることは，水難事故を回避する上でも重要です。日本には海，川，池といった水のある環境がたくさんあります。こうした自然環境に親しむことは生活を豊かにするという意味でも大切なことだといえます。安全にかつ安心して水に親しめるよう個々に応じたサポートをしていきましょう。

★サポートの決め手！
・アクアビクスのプログラムに参加してみる（水の抵抗力，浮力，水圧の働きで全身まんべんなくトレーニングできる）。
・ポール状のヘルパーを使って水面に浮くことの心地よさを感じる（リラックス効果もある）。

ターゲット型スポーツ（ボッチャ，フライングディスク）

▶めあて

　ターゲット型スポーツは，目標物をねらってボールやディスクを投げるという，比較的ルールがはっきりとした種目です。パラリンピックやスペシャルオリンピックス等のスポーツイベントでも取り組まれており，生涯スポーツにつながりやすい種目です。

▶道具／場所

　ボッチャセット，フライングディスク／体育館や公民館

▶概要

　障害児者の独自のスポーツ種目として発展し，公式ルールのもと国際大会等が開かれている一方，ルールを簡略化することで特別支援学校の体育や，地域のレクリエーション活動としても広く取り組まれています。ボールやディスクを目標物に投げる（投げ入れる）ためには，集中力と調整力が必要となります。地面に置いたフラフープに向かって投げて，フープの中に入ったボールの数を競うといった遊びの要素を取り入れながら取り組むとよいでしょう。フライングディスクは目標物をしっかりみて，上半身をひねりながら構え，腕を引いてディスクを送り出すまでの動作や，体重移動がスムーズになるよう，動作を分解して1つひとつていねいに教えていきましょう。「1，2，3！」といった声掛けをして投げるタイミングを計ることも大切です。力いっぱい投げようとせずに，はじめは優しく相手に渡す感覚で投げるよう伝え，そうすることで結果的には力を使わずに投げたほうが遠くへ飛ぶようになります。

★サポートの決め手！

・ボールを投げる際には上投げ（放る），下投げ（転がす）といった，いろいろな投げ方を身につける。
・チーム戦を行う等，仲間と一緒に楽しめるようにする。
・大会に参加し，生涯スポーツに発展させる。

ゴール型スポーツ（サッカー，バスケットボール，ハンドボール）

▶めあて

　ゴール型スポーツは，「ボールを操作する技能」と「ボールをもたない動き」を学習しながら，ゴールにボールをシュートする球技です。攻守が入り乱れ，ルールも複雑なので簡略化して取り組む必要があります。

▶道具 / 場所

　ボール，ゴール，対戦相手と区別をつけるためのゼッケン（ビブス）等 / グラウンド，体育館

▶概要

　とくにサッカーは足でボールを扱うという特殊な技術を必要とします。また，足首や膝等を動かすので，足全体を意識して操ることになり，さらにボールを蹴る際には片足で体重を支えることが求められ，そうした体の動かし方に慣れていく必要があります。ダウン症者は平衡性といって体のバランスをとる力が弱いとされていますが，ボールを蹴る，足を使って運ぶという運動技能を身につけていくことで，日常生活の多くの場面で活かしていけると思います。サッカーではPK合戦，バスケットではフリースローの対戦，またドリブルリレー等を通して，仲間と一緒に取り組むことの楽しさや喜びを味わえるような場面設定をしていくことが大切です。なお，ヘディングといって，ボールを頭に当ててはじき返す動作は，頚椎への影響がある場合があるのでできれば控えるようにしましょう。

★サポートの決め手！

・転がってきたボールを足で止めることから始める。
・対人パスの練習は，近い距離から始め，徐々に距離を伸ばしていく。
・ドリブル練習は，ボールが転がりすぎないよう，空気を抜いたものを用いて行う。

ネット型スポーツ（バレーボール，卓球，バドミントン）

▶**めあて**

　ネット型スポーツは，コートの中央がネットなどで仕切られているため，2つのチームが入り乱れず，ルールがわかりやすい種目です。相手とボール等を打ち合うといったやりとりが楽しめるようになることをめざしましょう。

▶**道具／場所**

　風船，ソフトバレーボール，ラケット，ボールおよびシャトル／体育館や公民館等

▶**概要**

　ダウン症者は視空間機能が優れており，対人関係も良好な人が多いことからも，こうした球技種目はぜひ「得意種目」として自信を深めて欲しいところです。さらなる上達を求めるならば，ダウン症者が苦手とされるすばやい動きを克服することでしょう。バレーボールやバドミントン等のネット型の種目はすべてそうですが，ボール等の正面に身体を移動させることが大切です。これは野球やサッカー等でも必要な動きです。ボールよりも滞空時間の長い風船等を用いて，体の移動をくりかえし練習するとよいでしょう。ラケット以外の柄の短い教材を用いて，風船などを打ち返す遊びを通して「ラケット感覚」を身につけていきながら，徐々にラケットに移行させていきます。細長く巻いた新聞紙の先を握ってもち，手首を後ろに返してから腕を振り下ろして遠くに投げる練習をするとラケットを振る動きにつながります。

★**サポートの決め手！**

・バドミントンや卓球では，最初はラケットを使わずに手のひらの真ん中でシャトルを打ち返す練習をする。
・ラケット感覚を身につけるために，さまざまな道具（教材）を用いて「打つ」動きに親しむ。

ベースボール型スポーツ（野球，ティーボール，キックベースボール）

▶めあて

　ベースボール型スポーツは，バット操作と走塁で攻撃を行い，ボール操作と決められた位置での守備を行い，攻防を展開する種目です。投げる，捕る等の技術を高めながら，作戦等を立てて仲間と協力して行うことに意義があります。

▶道具／場所

　バット，ボール等／広い公園やグラウンド，体育館

▶概要

　投げられたボールを打ち返す技術は大変難しいですが，ボールの大きさや種類，バットの形状などを工夫しながら取り組んでいきましょう。投手が投げたボールを打つのではなく，バッティングティーとよばれる細長い台の上に置かれたボールを打つ種目があり，特別支援学校の体育やスポーツ大会でも取り入れられています。ボール操作をきっかけに，道具を自分の思いどおりに扱う楽しさや必要性を学ぶ機会を成人期以降もつくっていきましょう。その際には，ボールを投げる一連の動作（足の踏み出し，腰や身体のひねり，腕を振る動き等）を１つひとつよりていねいに教えていくことが大切です。

　野球は国民的スポーツとして親しまれています。自分がプレイするだけではなく，好きなプロ野球チームの試合をみる（応援する）といったスポーツ参加のしかたもあります。仕事の後，テレビや球場でナイターの試合観戦をすることは豊かな生活と無関係ではありません。

★サポートの決め手！

・「ボールを打つ」から「ベースに向かって走る」までの一連の動きをくりかえし行う。
・守備側の選手はボールを捕ったらどこに投げたらよいのかを，その都度全員で確認する。
・応援で雰囲気を盛り上げ，楽しみながら取り組む。

ウインタースポーツ

▶めあて

　ウインタースポーツとはとくに冬季に行われるスポーツの総称です。いわゆる競技として行われるものだけではなく，スキーやスケートのようにレジャーとして親しまれているものも含まれます。

▶道具／場所

　スキー用具一式／ゲレンデ，スケートリンク等

▶概要

　ウインタースポーツは，体力や年齢に応じて行うことができることから生涯スポーツとしても広く取り組まれています。バランス感覚を養い足腰や心肺機能も鍛えられることから，ダウン症者も経験していきたいスポーツです。冬に雪山のゲレンデで行われるスキーが一般的ですが，クロスカントリースキーといって，雪が積もった野山を歩く種目もあります。スペシャルオリンピックスでは冬季の種目にスノーシューイングがあります。スノーシューという専用の靴を履いて，走る種目です。スキーやスノーシューイングには，ネイチャーウォッチングといって，自然に親しんだり，動物を探したりする楽しみ方もあります。

　雪上では防寒や日焼けなどを防ぐために服装については万全の準備が必要です。転倒時に頭を打つ場合があるので，ヘルメットをかぶることがすすめられています。初めて行うときには上手な人に教えてもらうか，スキー場のスクールに入って用具の操作に慣れるようにしましょう。用具の盗難や怪我に備えて保険が用意されています。そうした条件を整え，安全に楽しく取り組めるようにしましょう。

★サポートの決め手！

・平地の雪面で片足だけスキーを履いて歩いてみる。スキーを履いているほうの足に体重を移動させて，スキーを滑らせる感覚に慣れる。
・ゲレンデスキーにこだわらず，さまざまなウインタースポーツを経験する。
・血行が悪い人に対して，マッサージ等のケアを行う。

④ 余暇支援のプログラム

カラオケ：歌って踊ってストレス発散

▶めあて

　カラオケは音楽好きの一面を発揮できる，余暇活動の一番人気です。内向的な人や言語表出が苦手な人も，音楽がかかると体を動かし楽しげに歌を口ずさむことが多く，自己表出できる絶好の活動です。

▶道具／場所

　マイク，歌の本，リモコン／カラオケボックスなど

▶概要

　施設内でも活動できますし，カラオケボックスに行けば，幼児期に覚えた昔の歌や童謡，CMソング，アニメソングなど，さまざまな歌が集録されており，普段，本人が口ずさんでいる曲など意外な曲もみつかり楽しめます。青年学級のサークル，ガイドヘルパーやご家族と一緒に出かけましょう。

　活動の前に歌う曲目を数曲決めておいたり，歌う順番を決めておくとスムーズです。曲目を選べなかったり，本人が歌えなくても，音楽に合わせて踊ったりして，まわりの雰囲気に溶け込み一緒にいるだけでも楽しめます。

　また，手拍子や掛け声，簡単な振り付けなどで参加できるようにすれば，言語表出の苦手な人も皆と一緒に楽しむことができます。

　カラオケでのマナーを支援するのも重要です。歌の順番争いやリモコンの取り合い，歌ってもほかの人が聴いてくれない等，仲間とトラブルがおきてはせっかくの余暇活動も台無しです。事前にマナーを守って皆が楽しめるように支援をすることが大事です。

★サポートの決め手！

・歌う曲目や順番を事前に決めるよう支援しましょう。

・曲目の選択とリモコン入力を支援しましょう。

・歌う順番やほかの人の歌を聴くなどマナーづくりを支援しましょう。

電車で外出：電車に乗って街に出よう

▶めあて

　仲間や支援者と一緒に，また1人でも電車を使っていろいろな場所へ出かけ，行動範囲を広げることで，かかわる人，生活圏，興味や関心が広がり，積極的な社会参加をうながします。

▶道具

　切符，路線図，時刻表，ガイドブック

▶概要

　まずは，しっかりと計画を立てることから始まります。どこに行くか，本人は何が好きなのか聞きながら，一緒にガイドブックやインターネット等を使い行先や食事などを考えます。

　次に誰と行くか。1人で行くのか，それとも仲間や支援者と行くか。仲間と行く場合は待ち合わせの時間や場所の調整も支援しましょう。ガイドヘルパー等の支援者と行く場合は事業所への申込みが必要です。

　次にどのように行くか。どの駅からどの電車に乗ってどこで乗り換えて降りるのか……。路線図や時刻表の見方を教えたり，行き方マップを作成するなど本人に合った支援方法を考えましょう。さらに電車の乗り方も多様です。切符の買い方やICカードの使い方，障害者割引の使い方などを調べ，支援しましょう。また，公共マナーをしっかりと伝えるのも大事な支援です。

　では，出かけてどのような楽しみがみいだせるでしょうか。各自治体や企業が主催する季節イベントに行き年中行事を知ること，話題のお店やレストランに行って流行を知ること，町散策や電鉄会社が主催するウォーキングで体を動かすことなど，街に出るとさまざまな刺激があり，本人の興味や関心が広がります。

★サポートの決め手！

・本人に合った行先や同行者を考え，しっかりと計画づくりをしましょう。
・帰った後は，しっかり話を聞きましょう。楽しさを共感して，外出先での課題や困りごとを確認することが大事です。

描画：イマジネーション　色彩ある生活

▶めあて

　いろいろな画材道具を使用して自由に表現する喜びを味わいます。言語表出が苦手な人も絵や文字などを用いて自己表現できます。また，身のまわりにある色彩や物品，人などに目を向け関心を広げる機会になります。

▶道具

　絵具，色鉛筆，パステル，クレヨン，紙，筆

▶概要

　何の絵を描くか。本人の気の趣くままでもよいですが，いつも同じ絵を描いてしまう人も多いです。また，何を描いたらよいかわからない人もいます。そんなときは，まず好きな色を1つ選んでみましょう。具体的な画材（絵具，クレヨン等）があると選びやすいです。次に，その色で描くものを選びます。選べない場合は，支援者がいくつか選択肢を考え，その中から選んでもらいましょう。そのやりとりをしているうちに，描きたいものがでてくるかもしれません。色と描くものが決まったら下書きなしで紙に描いてみましょう。事前に画材の使い方の見本をみせるとスムーズに描きやすくなります。絵具は，筆以外にも手や指先で描くこともできます。作品が完成したら，本人に作成のポイントや感想を発表してもらいましょう。支援者や鑑賞した人は，作品の感想を伝えてあげましょう。

　日頃から，会話の中で色彩のことに触れておくと，本人の興味，関心が広がります。また，タブレットやパソコンの描画ソフト，塗り絵教材を使用すると活動の幅が広がります。

★サポートの決め手！

・絵を描く際，制限のない自由に描ける環境を設定します。禁止事項があると自由な表現ができなくなります。

・画材準備も一緒に行いましょう。準備段階で見通しがつくと活動がスムーズになります。また，作品を飾っていろいろな人に鑑賞してもらうと次の意欲につながります。

音楽：今すぐなりきりギタリスト

▶めあて

ギターというポピュラーな楽器を使い，ちょっとした工夫で，大好きな音楽を自分で奏でる喜びを味わえます。また，注目を浴び，賞賛される経験を通して自己肯定感を高められます。

▶道具

アコースティックギター，マイク（本物でなく，自作したものでもよい），衣装など

▶概要

ダウン症の人たちがダンスや太鼓演奏などで活躍する場面を目にすることは多くあります。音楽好きで，リズムにあわせて体を動かすのが得意な人が多くいます。ギターという楽器は，もち運びができ，場所を選ばず手軽に楽しめますが，演奏するには左手で和音（コード）を押さえ，右手でつまびく（かき鳴らす）という複雑な動作が必要になります。そこで，左手側の役割を支援者がかわりに行うことで，本人は右手側の動きに集中することができ，演奏がぐっと容易になります。演奏するときは，本人にギターをもってもらい，支援者は本人の左後ろから，自分で演奏するときと同じ要領でギターのネックをもち，和音を押さえて演奏をうながします。指先を使った細かい動作が苦手な人でも，リズムにあわせて腕を振る動作は比較的容易で，慣れてくればリズム感のよさを発揮して，周囲が驚くくらいノリのよい演奏を聴かせてくれるかもしれません。次の展開として，ある程度弾けるようになったら，家族や仲間たちの前で演奏を披露する機会をぜひつくってください。注目を浴び，賞賛される経験は，なによりの喜びとなります。

★サポートの決め手！

・曲は支援者の力量に応じて選びます。和音数の少ない曲でも十分に楽しめます。

・弾き語りにも挑戦してみましょう。マイク，衣装などを用意して，あこがれのスターになりきれるように，雰囲気づくりをしましょう。

習字：今日からあなたも書道の達人

▶めあて

　書字をとおして表現する楽しさを味わえます。鉛筆やボールペンで書くのと違い，字の太さや濃さを自分の好みで選べ，味わいのある作品を生み出します。また，字に親しむことで，学齢期から離れていた日常生活での学習機会が増えます。

▶道具

　筆，墨汁，墨，硯，文鎮，書道下敷き，新聞紙，年賀状，祝儀袋，記帳簿

▶概要

　「字」にこだわらず，マークや絵など好きなものを描くのは「絵画」にあたりますので，ここでは書字についてお伝えします。

　まずは気兼ねなく行えるように，汚れてもいい服に着替えたり，周囲に新聞紙を敷き詰めたりして，鉛筆やボールペンで書くのと違った期待感をもてるように工夫しましょう。

　「勉強」として行うのではないので，自分の名前や好きな文字を書くのがよいでしょう。本人が何を書くか迷う場合は，最初はひと筆で書ける「く」「し」「つ」などの文字が取り組みやすいでしょう。次にいったん筆をもちあげてふた筆で書く「い」「こ」「り」などを書き，交差する部分が1カ所の「ち」「の」「る」に移り，その後に交差する部分が複数ある「き」「な」「む」などに進んでいきます。多少形が崩れたとしてもなるべく添削は控え，個性ある味わい深い字であるとプラスの評価を行いましょう。

　「年賀状」「絵手紙」など実生活で活用して他者にみてもらう機会を増やし，人にみてもらう喜びを知り趣味になるように展開していきましょう。

★サポートの決め手！

・「趣味」として行うので，本人の好きな字から取り組みましょう。
・否定的な添削はせずにどんな作品でもよいところをみつけ個性や感性を大切にしましょう。
・「年賀状」「絵手紙」など実生活で使用して他者にみてもらいましょう。

買い物：レッツ!!!ショッピング　買い物は楽しいな

▶めあて

　好きなものを購入することにより充足感を得られ，買い物をとおして自己選択の楽しさを知り，興味が広がります。また，計算が不得手な人もプリペイドカードを使って買い物ができ，生活の幅が広がります。

▶道具/場所

　お気に入りのもの，お金，プリペイド式のICカード/店

▶概要

　最初から欲しいものが決まっていて，どこで売っているかわかっていればよいのですが，かならずしもそのような状態で買い物に行くとは限りません。何が欲しいのか，世の中に何が売っているのか，どこに行けばよいのか……。イメージが浮かばない人が多いと思います。店内をみてから欲しいものを選ぼうと支援者が声を掛けても，本人はよくわからず目についたものに手を伸ばすということも多いです。

　数多くあるものの中から自分の好きなものを選ぶというのは難しいことです。そのような場合は，まずは本人がお気入りですでにもっているものと同じものを買いに行くことをおすすめします。

　その後，少しずつ自分で選んでもらう機会を増やしていきますが，欲張らずに最初は選択肢を2つか3つに支援者側で絞り，本人が選びやすくすることも大切です。支援者が提案するものを本人が選ぶ・選ばないは自己選択です。そのようなやりとりを経て買い物の楽しさをわかってもらえるようにしましょう。

　また，鉄道会社のカードで支払い可能な場所が増えていますので，計算が苦手な人も手軽に買い物が楽しめます。

★サポートの決め手！

・買うものを選んでもらう際，選択肢は多くなりすぎないようにしましょう。
・お金を使用しなくても買い物はできます。金銭計算の練習は楽しさを半減しない範囲で取り組みましょう。

調理：三ツ星シェフはわが家にいます

▶めあて

　調理はどの家庭でもできる手軽な余暇です。つくったものを食べてもらうことでつくる喜びや達成感を知り，他者に感謝される喜びを知る機会を得られます。また，調理器具などの道具を操作することや火や刃物など危険物を扱うことにより実用的生活の幅が広がります。

▶道具／場所

　コンロ，IH クッキングヒーター，包丁，まな板／台所

▶概要

　調理というと道具の準備や，材料の切込みや調味料の計量などの下ごしらえから携わることをイメージしますが，はじめから目標を高くせず，家族や支援者がつくった料理を皿の上に盛り付けるところから始めましょう。「できた」という達成感と，盛り付け方をほめられるという期待感から，しだいに調理に興味関心をもてるようにします。次の段階では，料理が完成する間近の１つの作業をお願いしましょう。ソースやドレッシングをかけたり，大根おろしや鰹節を載せたりして，さらなる達成感を得られるようにします。かけたり載せたりする量が多すぎたり少なすぎたりして失敗体験を積まないように，あらかじめ分量を支援者側で用意し，全量使えばいいように配慮しましょう。しだいに自分でつくる料理への挑戦になりますが，料理には道具の用意や下ごしらえ，焼く，混ぜる，煮るなどさまざまな要素が含まれます。料理技術をカバーするいろいろな便利グッズが出ていますので活用してみるのもよいでしょう。また，どの部分が得意なのか苦手なのかを見極め，成功体験を増やしてつくる喜びを得られるようにしていけば，得意料理もみつかり，調理が趣味の１つになるでしょう。

★サポートの決め手！

・最初は少しの工程から始めましょう。

・成功体験を積むため，計量や切込みなど難しい行程は支援者が配慮します。

・調理器具の扱いには十分注意をして継続してできる活動にしましょう。

工作・粘土：つくるものはみんな違って，みんないい

▶めあて

　紙やダンボール，粘土，身のまわりにあるものを自由に使って気軽にできる活動です。つくるものの大きさや形，色など自由な発想でマイペースに作品をつくれ，物づくりの楽しさや表現力を養うことができます。また，さまざまな粘土や紙など感覚刺激を養う素材を用いることでつくる楽しさが広がります。

▶道具

　粘土，厚紙，折り紙，絵具，筆，クレヨン，カッター，はさみ，糊

▶概要

　素材は粘土にするのか，紙にするのか，そのほかの身近にあるものを使うのか……。素材を選ぶところから本人が期待感をもてるように選択肢をあげましょう。次に，ハサミやカッターなど刃物の使い方や，テープや接着剤，ホッチキスなど基本的な道具の操作について支援することも大事です。

　つくるものの大きさや形，色，取り組む時間の長さに決まりはありませんので，自由な発想で個性豊かな作品がつくれます。どこで「完成」するかもまったくの自由ですので，数日後に新たに手を加えるなど，何度も楽しむことが可能です。写真や見本をみながら同じものをつくる楽しみ方もあります。見本にどこまで似たものをつくれるかといった挑戦から達成感や満足感が得られるでしょう。

　また，つくりあげていくことが困難な人でも，いろいろな素材に触れて切ったり，伸ばしたり丸めたりして，感覚刺激を楽しむのも活動になります。

★サポートの決め手！

・自由な発想で個性豊かな作品づくりができるよう，準備品や環境を整えましょう。
・ハサミやカッターなどの道具の操作を支援しましょう。
・作品ができなくても，素材に触れることを活動にしましょう。

観劇：迫真の演技にすっかりカンゲキ！！

▶めあて

　何を観るか……。さまざまなジャンルの観劇があり，今まで体験のしたことがない世界を楽しめます。舞台を生で見て，その迫力や臨場感を味わうことで感受性が養われます。また，チケットの購入を経験したり劇場でのマナーなど社会のルールを知ることもできます。

▶道具／場所

　インターネット，演劇情報誌，プレイガイド，チケット／劇場

▶概要

　何を観るかは家族や支援者と一緒にインターネットや情報誌を用いて，本人の興味を引き出して決めていきましょう。シリアスな演劇や，音楽好きにはダンスミュージカルやコンサート，また，お笑いライブなど，さまざまなジャンルの舞台がありますので，言語理解が難しい人でもその楽しみ方はそれぞれです。

　観る公演が決まったら，チケットの入手です。インターネットや電話，店頭販売での購入等，必要に応じて支援します。また，障害者割引を利用できる場合もあります。劇場内では携帯電話の使用や写真撮影禁止などマナーがあることを伝え，まわりの人と気持ちよく観劇できるように支援します。

　観劇当日は，舞台を観て泣いたり笑ったりと支援者も一緒に楽しみ，その迫力や臨場感を共有して観る楽しさを味わいましょう。自宅に戻ってからもご家族と会話が弾みます。

　演劇の楽しさがわかると，今度は自分で演じる番。支援者のよきサポートを得て，演劇の世界にも興味が広がります。

★サポートの決め手！

・最初に観るものは，本人の興味に合わせジャンルを決めましょう。
・友人が出演したり，馴染みの物語を観ることで親しみをもち楽しめるようにしましょう。
・家族，支援者と楽しさを共有しましょう。

⑤ 学びのためのプログラム

読書を楽しもう ——デイジー図書・タブレット端末を活用しよう

▶めあて
　①読みたい本を読んでみよう。　②1人でも読書を楽しもう。

▶道具／教材／場所
　パソコン・タブレット端末など／読みたい図書／自宅・事業所など

▶活動の実際
　「恋愛小説が読みたい」「ファンタジーが読みたい」など，本を読みたいときはどうしていますか。出版されている紙媒体の本は，字が小さかったり，漢字が多かったりして，タイトルが魅力的でも，「ちょっと……」と遠慮してしまいがちです。そんなときは，図書館のサービスやタブレット端末を利用してみてはどうでしょうか。

デイジー図書（録音図書）の活用
　皆さんは，デイジー図書って知っていますか。デイジー図書とは，デジタル録音図書のことで，耳で聴いて読書できるように，朗読された音声をCDなどに収録したものです。
　今までは，視覚障害のある人々しか活用できませんでしたが，2010年に著作権法という法律が変わり，視覚障害以外で読みに困難のある人々も活用できるようになりました。
　デイジー図書を製作，提供している日本点字図書館の図書一覧を見てみると，ハリーポッターシリーズ（著者J・K・ローリング）などが貸し出しされています。

タブレット端末の活用
　皆さんはタブレット端末をもっていますか？ iPad（Apple），Nexus

(Google), Kindle（Amazon）といったものがありますね。タブレット端末で電子書籍を購入すると，タブレット端末が読み上げ機能を使って文字を読み上げてくれます。視覚障害のある人々が使用する目的で組み込まれましたが，今では読みに困難のある，さまざまな人々によって活用されています。

iPad Air
（Apple）

Nexus 10
（Google）

Kindle Paperwhite
（Amazon）

★サポートの決め手！

　自分の読みやすい方法で読書を楽しむことが大切です。手元に紙媒体の本を置いて，デイジー図書の読み上げ機能を使って，本を読むという方法もあります。ぜひお試しあれ。

もっと詳しく知りたい‼
①デイジー図書

　デイジー（DAISY）とは，「デジタル Digital」「アクセシブル Accessible」「インフォメーション Information」「システム SYstem」の略で，カセットテープに代わるデジタル録音図書を製作するための仕様およびシステムのことです。国際標準規格としてデイジーコンソーシアム（本部スイス）が開発維持しています。

　また，音声に加えて同じ内容のテキストや画像も表示可能な「マルチメディアデイジー図書」も普及しはじめています。マルチメディアデイジー図書は日本障害者リハビリテーション協会や全国各地のボランティア団体が提供しています。詳しくは日本障害者リハビリテーション協会が運営するDAISY 研究センターのホームページを参照してください（エンジョイ・デイジー　私らしい方法で読む，わかる！　http://www.dinf.ne.jp/doc/daisy/）。

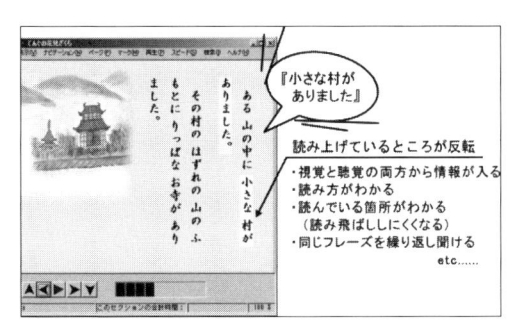

第5章　成人期のサポート実践プログラム　　149

マルチメディアデイジー図書のイメージ

出典：社会福祉法人日本ライトハウス情報文化センター
（http://www.iccb.jp/）

②日本点字図書館　http://www.nittento.or.jp/
　日本最大の視覚障害者用図書館です。10万件を超えるデイジー図書があります。日本点字図書館に利用登録をすれば，利用できます。デイジー図書はSDカードによる利用か，パソコンへのダウンロードによる利用の2種類から選べます。

③サピエ　https://www.sapie.or.jp/
　視覚障害者をはじめ，文字を読むことが困難な人々に対して，さまざまな情報を点字，音声データで提供するネットワークです。日本点字図書館（外部サイト）がシステムを管理しています。音声デイジーデータは，5万タイトル以上がパソコンや携帯電話によってダウンロードできます。

著作権法の改正により，視覚障害のある人々だけでなく，「視覚による表現の認識に障害のある」人々，つまり読みに困難のある人々もデイジー図書を利用できるようになりました。ぜひ，活用し，本を楽しく読んでみましょう。

科学を楽しもう ──おどろきの連続!! 科学実験をしてみよう

▶めあて
　①日常生活の中にもある科学を知ろう。　②科学的な考え方を身につけよう。

▶道具 / 場所
　水，アセトン（※取扱いには十分注意してください），鉛筆（3H），ペットボトル / 事業所（センター）など

▶活動の実際
　科学と聞くと「自分には関係ないな」と考えてしまいますが，身の回りは科学的なことがあふれています。そんな科学を身近に感じるためには，普段何気なく使うものを科学的に比べてみるのはどうでしょうか。
　今回は日常生活でよく用いるペットボトル（プラスチック）の比較について，紹介します。科学実験なので，科学的な考え方を使って，プラスチックを分類していきます。

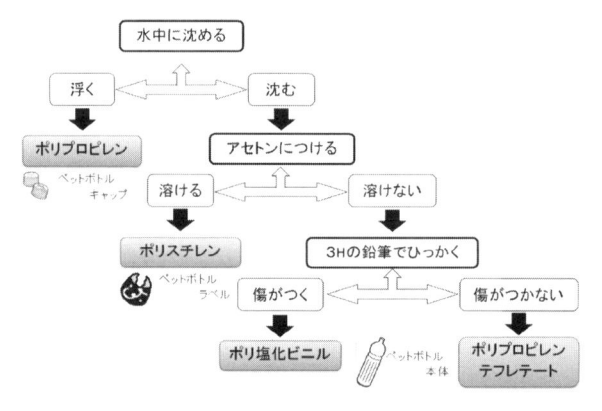

```
              水中に沈める
          ↙           ↘
        浮く          沈む
         ↓             ↓
      ポリプロピレン    アセトンにつける
     （ペットボトル      ↙        ↘
       キャップ）     溶ける     溶けない
                      ↓           ↓
                  ポリスチレン   3Hの鉛筆でひっかく
                  （ペットボトル   ↙        ↘
                    ラベル）    傷がつく   傷がつかない
                                 ↓           ↓
                            ポリ塩化ビニル  ポリプロピレン
                                         テフレテート
                                         （ペットボトル本体）
```

　実験では図のようなフローチャートに沿って，1つひとつ活動し，ペットボトルに用いられているプラスチックを分類します。
　このように，実験結果をまとめるとわかりやすくなります。

科学的な考え方って??
　予測→計画→比較→結果の整理→考察という流れにそって，答えを導くこ

とです。この実験の場合は下のような流れになります。

予測：ペットボトルの各部品がなんというプラスチックかを予測する。
計画：予測に従って，プラスチックを比較する方法を考える。
比較：プラスチックの特徴を水，アセトン，鉛筆など，いろいろな道具を使って調べる。
結果の整理：調べた結果をフローチャートに記入し，照らし合わせる。
考察：自分の予測と比較の結果が合っていたかどうか，確かめる。

★サポートの決め手！

比較の結果は何度行っても同じになるように，できるだけ客観的な指標を用いることが大切です。今回紹介している指標の中で，水の浮き沈みなどは，判断しやすいですね。

今回はペットボトルの比較がテーマでしたが，日常生活にはまだまだ科学実験のテーマになるものがあふれています。どんなものを比べたらおもしろいか，またどんな実験ができるか，考えてみましょう。

家計簿をつけてみよう ——電卓を使った家計簿術

▶めあて
①電卓を使ってみよう。　②使ったお金を計算しよう。

▶道具／教材／場所
鉛筆，レシート，電卓／家計簿帳／自宅，事業所など

▶活動の実際
「今月はお金を使いすぎた」といったように，趣味や食事についついお金をかけてしまうことがありますね。いったい1カ月にいくらお金を使っているのか，疑問に思ったことはありませんか。そんなときは，一度家計簿をつけてみてはどうでしょうか。

1. 買い物ではかならずレシートを受け取り，領収書ファイルに保管します。ファイルは100円均一のお店にも売っています。
2. 1カ月たったら，家計簿帳に買ったものを書いていきます。
3. さあ，いよいよ計算です。合計を出しましょう。

電卓を使って，たしていきましょう。
4. 何カ月か続けて取り組み，月ごとで比べてみましょう。

1カ月だけでは，使ったお金が多いのか，少ないのかわからないときがあります。月ごとで比べてみることで，「4月はお金を使いすぎたな」「6月は食べ物を買いすぎた。少なくしよう」といったことがわかってきます。また，使ったお金と自分の収入を比べてみることも大切です。

日付	買ったもの 使ったもの	値段
7/2	雑誌	¥480
7/4	映画	¥1,000
7/7	ジュース	¥140
7/11	パン	¥150
合計		

家計簿帳の例

・「日付」「買ったもの・使ったもの」「値段」を分けて書きます。
・なるべく大きなマスがよいでしょう。
・買い物の回数が多いようであれば，2週間に1度にしてもいいかもしれません。

電卓

・電卓はなるべく，大きなキーのものを使いましょう。
・写真は300円均一のお店で売っている電卓。
・キーとキーの間隔が広く，打ち間違いをしにくいです。

★サポートの決め手！

より簡単に，また継続して取り組むためには，「記録しやすい家計簿帳」「使いやすい電卓」を使うことが大切です。今回紹介した家計簿帳，電卓はほんの一例です。自分に合ったものを探していきましょう。

情報科を学ぶ ──チラシのワナを読み解く

▶めあて

　チラシや Web 上の広告を注意して読み，情報の確かさや危なさを確かめよう。

▶道具/教材/場所

　ノート，鉛筆/3種類の疑似広告/自宅，学校，事業所（センター）など

▶活動の実際

　身近な商品広告から必要な情報を読み解くこと，とくに危ない情報に気をつけることは，消費者被害に遭わないために欠かせないスキルです。

　ここでは，危ない広告にありがちな宣伝文句やサブリミナル効果をねらった画像，不十分な会社情報，不要あるいは余計な出費につながる「おまけ」などに着目できるように，ゲーム機の疑似チラシ（次ページ）を使って考えます。

1. 3つのチラシを見せて，どの会社の「Wil」を買うか？　選択します。

　その理由を聞きます。「安いから」「ケイタイももらえるから」などの理由で，1や3を選ぶ人もいると思います。中には，「きれいな女性がいるから」と正直に答える人もいます（注：女性の受講者には写真は韓流男性モデルに変えるなどします）。

2. それぞれのチラシの文面や写真，会社情報などを読みながら，問題点を探していきます。

　1のチラシは，値段が安すぎる（本物だろうか？），「早い者勝ち」などと購買意欲を煽っている，お金を先に送って大丈夫だろうか，会社の住所も電話番号もないのは怪しい，水着の女性の写真は商品に関係ない等の問題に気づくように進めます。

　2のチラシと3のチラシは，どちらも住所，電話番号が明記してあり，まずは電話をかけて申し込むことは同じですが，3のほうが，値段が少し安く

1 ゲーム機 Wii 通信販売

メタボ解消に！ フィットネスソフトといっしょに，超格安！
メーカー希望価格３０，０００円を わずか１０，０００円
限定販売（先着３０名のみ）
早い者勝ち！

いますぐ下記口座に！ 入金確認の上，すぐにご自宅に送ります。
港区六本木郵便局　口座番号：００３２０－７－４３３５０　加入者　タヤマ　（株）タヤマ電気

2 ゲーム機 Wii 通信販売

メタボ解消に！ フィットネスソフトといっしょにご購入を！
メーカー希望価格３０，０００円を　特価２４，０００円
品切れのときはご容赦ください

お電話にて注文うけつけ　フリーダイヤル　０１２０－５９１－５１１５
港区六本木１－２－３　TEL０３－２２３－０１１１　　　　　　（株）電気のゴジラ

3 ゲーム機 Wii 通信販売

フィットネスソフトとこみで！
メーカー希望価格３０，０００円を．なんと！　２３，０００円
今申し込むと携帯電話が無料でもらえます！

今すぐお電話を！　フリーダイヤル　０１２０－５９３－５１１１
港区赤坂３－２－１　TEL０３－２２３－０２２２　　　　　　（株）ヨドバツカメラ

疑似チラシの例

て，「携帯電話が無料でもらえる」点が違います。
　以上の情報から，まず「１は怪しい会社で危ないよ。もしかしたらお金だけとられて商品が来ないかも」という予想を引き出し，選択から除外します。

次に，2と3を比べます。携帯電話が必要なのかどうか？ すでにもっている人はもちろんいらないし，今欲しいのはゲーム機であって，ケイタイではないのでは？

「無料のケイタイって，どういうこと？」と問いかけます。携帯電話の本体は無料でも，月々の契約料や通話料，パケット代は別にかかることなどの説明をして，本当はどちらが得なのか，どちらを選ぶほうが賢明なのかを考えます。

3. 学習のまとめとして，以下のことを確認します。
   ①欲しい品物の適正価格（だいたいの値段）を調べておこう。
   　→あまり安すぎるものは，うたがわしい。
   ②売っている会社は信用できる会社かな。お金と商品はどうやって交換するのか確認しよう（このチラシだけではわからないこともある）。
   　→「通信販売」でなくても買えるものは，お店で買ったほうが安心。
   ③チラシの写真にだまされない。
   　→商品の説明に関係のない写真や絵は使われていないかな。イメージ広告には気をつけよう。
   ④おまけやオプションに惑わされない。
   　→「ついで買い」はやめておこう。
   ⑤本当に必要か，今必要か，買ったらあとでお金に困らないか，もう一度考えてから買い物をしよう。
   　→一度決めても，ちょっと待てる，意見を変えられる人が大人です。

★サポートの決め手！
　ダウン症の人の中には，2.の学習をしても，1.で選んだチラシから自分の意見を変えられない人がいます。「意見を変えられるのが大人」というキーワードを最初に示しておくことも工夫点です。

参考文献
中橋雄（2014）メディア・リテラシー論，北樹出版

地理を学ぶ ——地図を使って，知っている場所を歩いてみよう

▶めあて

　自分の街の身近な場所で地図を片手に歩いてみよう。

▶道具 / 教材 / 場所

　ネット環境にあるパソコン，タブレット端末，スマートフォンなど / プリントアウトした地図，Web 上の地図サービス / 教室と街

▶活動の実際

　多くの人が，Web 上の地図サービスを利用しています。ダウン症の人も地図を見て，自分の行きたいところに行けるようになると生活が広がります。

1. 知っている街の地図はどうなっている？【教室で】

　まず，Web 上の地図サービス（Google マップや地理院地図（電子国土 web），Mapion など）を使って，自分の知っている街を表示し，いつも自分が歩いている街が地図ではどう見えるのか知ります。その際，地図と航空写真とを適宜切り替えて，上空から見た写真と線で描かれた地図との関係に着目させます。地理院地図電子国土 web では，両方を透過表示できる機能があるので便利です。

　また，Google マップのストリートビューを活用することで，実際に見て

地理院地図 (電子国土 web) より
(2 万 5 千分の 1 地形図「立川」の一部)

第5章　成人期のサポート実践プログラム　157

いる（歩き目線）風景と上から見た写真や地図との関係も把握できるようにします。

さらに，地理院地図サイト「地図記号一覧」から，代表的な地図記号を教えてみましょう。

地図記号の例
（左上：2車線の道路，右下：史跡・名勝・天然記念物）

2. ストリートビューを使って，バーチャル散歩をしてみよう！【教室で】

Googleマップで散歩コースの地図を表示し，出発点からゴールまでの行程を，ストリートビューを表示させてバーチャル散歩をします。交差点やポイントとなる地点では，ストリートビューの回転機能を使って，さまざまな角度から見せましょう。

その際，地図内の「人マーク」の向きとストリートビュー画面内の「コン

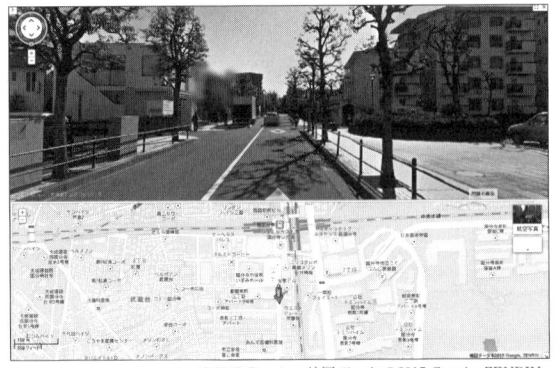

ストリートビューの表示例

パス」の向きに着目させ、「歩き目線」が東西南北どの方角であるかを確認しながら進めていくことに留意します。

3. 地図を片手に、実際に行ってみよう！【街に出て】

　本人の実態に合わせて、地図と行程のポイント写真を組み合わせた「地図」を用意し、これを見ながら、実際に歩いてみます。

　ポイントごとに、シールをもったスタッフがいて、通過したポイントにシールを貼るなどの工夫があるとなおよいでしょう。

　自動車や自転車などの交通に気をつけて歩くように注意して実施しましょう。

★サポートの決め手！

　1. 2. 3. を同日に実施するほうが効果的です。ダウン症の人にとっては地図がなくても歩ける場所ですが、ゴールにたどり着くことより、地図を理解することが目的ですので、「あ！ここは地図ではこの印だね」といった発見が大切です。

参考サイト

　国土地理院　http://www.gsi.go.jp/index.html
　地理院地図（電子国土 WEB）　http://portal.cyberjapan.jp/site/mapuse4/#zoom=5&lat=35.99989&lon=138.75&layers=BTTT

技術科を学ぶ1──自分にあったパソコンの入力方法に切り替えよう

▶めあて
　パソコンの日本語入力機能の切り替えができるようになろう。

▶道具/場所
　1人1台のWindowsパソコン，ビジネスソフト（Microsoft Officeなど）／自宅・学校・事業所（センター）など

▶活動の実際
　マウス操作やタッチパネル操作など，ユーザーインターフェイスの進化によって，今やパソコンはダウン症者にも身近に使える道具になってきています。しかし，もっとも使用頻度の高いネット検索（ネットサーフィン）をするためには，日本語入力ができることが必須です。
　一般的にはローマ字入力方式であり，キーボードもQWERTY配列であることから，ローマ字入力の苦手な人は，この段階でつまずいてしまいます。当事者専用のパソコンであれば，キーボード自体を換えたり，ソフトキーボードをインストールしたりして使いやすくカスタマイズしておくことが可能ですが，家庭や学校・事業所（センター）での共用パソコンでは標準設定からの切り替え操作が必要になります。
　そこで，日本語入力設定の切り替えの仕方を紹介します（注：ここではマイクロソフト社のMicrosoft IMEで説明します。ジャストシステム社のATOKの場合は若干違いがあります）。くりかえし学習すれば，手順を覚えて，1人で楽しむことができるようになると思います。

1. 言語バーから入力方式を選択
　言語バーのツール（道具箱アイコン）をクリックし，プロパティを開きます（次ページ左図）。「全般」から「入力設定」の「ローマ字入力／かな入力」窓をクリックし，「かな入力」を選んで「OK」を押せば，キーボードの仮名文字での入力ができるようになります（次ページ右図）。ここまでの操作は，すべてマウスでできます。

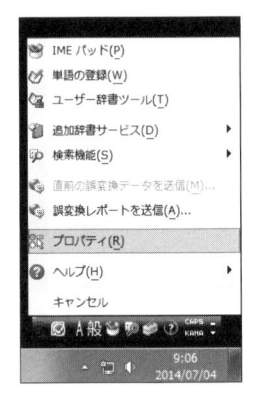

言語バーツール 　　　　　　　　　Microsoft IME　プロパティ

しかし，キーボードの仮名配列が JIS 配列のため，文字を探すのに苦労するかもしれません。そこで，ソフトウエアキーボードを使う方法もあります。

2. Microsoft IME パッドのソフトキーボードの使用

　言語バーのツール（道具箱アイコン）をクリックし，上図左を表示させるまでは 1. と同じです。一番上に表示される「IME パッド」をクリックし，下図の左列のアイコンからソフトキーボードをクリックします。さらにキーボードタイプを「ひらがな／カタカナ（50音配列）」にします。

Microsoft IME パッドのソフトキーボード

3. Windows8 を使用する場合

　デスクトップ画面に入り，デスクトップの背景の何も表示されていないところをクリック，またはタップし，画面の右下にある，「あ」または「A」

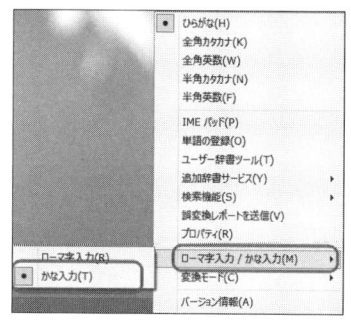

Windows8 での切り替え

と表示されたアイコンを右クリックします。タッチ操作の場合は長押しします。表示されたメニューの中から，[ローマ字入力 / かな入力]をクリックまたはタップすることで切り替えられます。

★サポートの決め手！

　ソフトキーボード（Windows8 では「タッチキーボード」）の切り替えは，手順がやや複雑になっています。詳細は下記サイトを参照してください。

参考サイト

　Microsoft サポート：「ローマ字入力」と「かな入力」の切り替え方法
　　http://support.microsoft.com/kb/958407/ja#Windows8

技術科を学ぶ2 —— プレゼンテーションソフトで絵日記風の4コマアニメをつくろう

▶めあて

　パソコンを使って自己表現するスキルを身につけよう。

▶道具 / 場所

　1人1台のパソコン，プレゼンテーションソフト（OpenOffice Impress など）/ 自宅・学校・事業所（センター）など

▶活動の実際

　ネットサーフィンやゲームの道具としてだけでなく，文字や映像を駆使した自己表現の道具としてパソコンを使えるようになると，ダウン症の人の生

活世界がもっと広がると思います。
　ここでは，プレゼンテーションソフトを使って，絵日記風の4コマアニメをつくります。

1. テーマを決める。
　「私の1日」「日曜日のこと」「夏の思い出」など絵日記を書くようにプレゼンテーションのテーマを決めます。いつ，どこで，誰と，何を，どうした，という「4W1H」を明確にして内容を考えることが大事です。
2. 素材を集める。
　写真や動画を撮ってきていたら，それらをパソコンに取り込んでおきます。行ったところの所在地図や観光地であればネット上にある画像等の情報を探して，コピーし保存しておくのもよいでしょう（ネット上の画像等を使うときは，著作権フリーのものを集めましょう）。
3. 4コマのストーリーを考える。
　1.で考えた「いつ，どこで，誰と，何を，どうした，という4W1H」を，4コマに振り分けます。時系列に並べる，場所ごとに分ける，クイズ風にする，起承転結で配置するなど，ストーリーを考えるヒントにします（ここまでは，紙に書いてもよいし，はじめからソフトを立ち上げて，書いていってもよいです）。
4. 各コマの内容をつくる。
　この段階でソフトを使います。まずは，アウトラインを書いていきます（次ページ上図）。素材を張り付けたり，文章を書いたりします。
5. アニメーションを設定する。
　素材を動かす設定をします（次ページ下図）。
6. スライドショーとファイルの保存。
　背景の色や各コマの切り替え設定などをし，スライドショーで確認します。ファイル名を付けて，自分のフォルダやUSBメモリ等に保存します。
7. 友だちと交流する。
　できあがったプレゼンテーションを友だちと見せあいましょう。

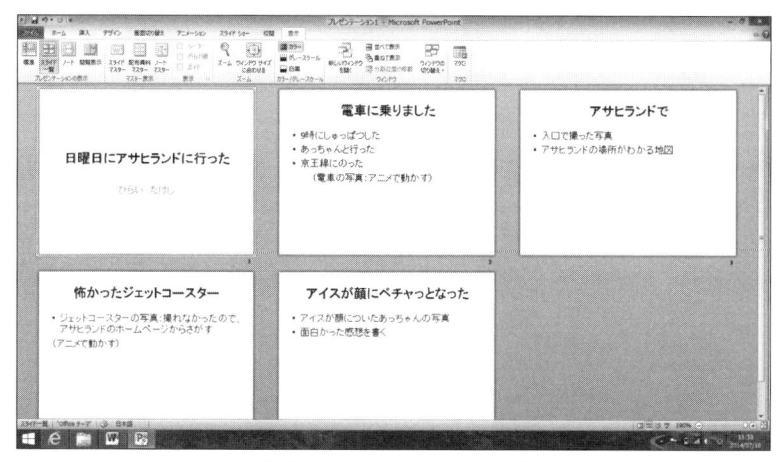

第5章　成人期のサポート実践プログラム　　163

絵日記のアウトラインの例

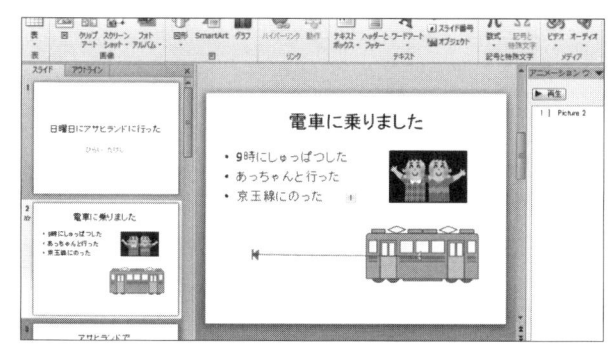

アニメーションの設定例

★サポートの決め手！
　絵日記だけでなく，自分の考えたファンタジーなど，ダウン症の人の豊かな創造力を4コマ漫画にして動かしてみるのも面白いですね。ビジネスソフトの中では，一番取り付きやすく遊び心で使えるソフトウエアです。

参考文献・サイト
井上香緒里（2013）できる PowerPoint 2013 Windows 8/7 対応，インプレスジャパン
羽山博（2011）改訂版 Keynote でプレゼン，BNN 新社
OpenOffice.org 日本語プロジェクト　http://www.openoffice.org/ja/

6 就労支援のプログラム

履歴書をつくろう Part1 ――自分史をつくろう

▶めあて

　就職するときにかならず必要となるのが履歴書です。この履歴書を書くためには，まず，自分史を確認しましょう。小学校・中学校・高等学校それぞれの入学と卒業がいつであったのかを確かめることをねらいとした活動を展開します。

▶教材

　自分史シート，年齢早見表

▶概要

　自分がいつ学校に入学し，卒業したのかは，思い出すのが難しいものです。そこで，自分の生年月日から，小学校・中学校・高等学校などの入学・卒業年月日を導き出すことを課題とします。

　覚えている，または暗算で計算できるという人もいるかもしれませんが，まずは履歴書には正確な情報を書くことが重要であることを伝えます。正確性・確実性を高めるために，自分史をしっかりと振り返ることから始めます。

　まず，念のために療育手帳などの身分証明書に記載されている生年月日を確認します。次に各学校の入学・卒業の年月日を確認しますが，ここでは「年齢早見表」を準備しました。自分の誕生年を基準として，何年に何歳だったのかを確認していきます。それをもとに自分史シートに入学・卒業年月日を転記していきます。

　もちろん，表計算ソフト（たとえばMicrosoft Excel）などを活用し，生年月日を入力すれば，自動計算で各学校の入学・卒業年月日が算出できるようにしておく方法もあります。

　また，ここで正確な学校名を確認しておくことも大切です。必要に応じて，都道府県，市町村などのホームページを確認します。

第5章 成人期のサポート実践プログラム　　165

★サポートの決め手！
・正確性が求められるということは確実に伝えたいものです。
・普段，表計算ソフトやブラウザになじみがなくても，この機会にトライしてみては。

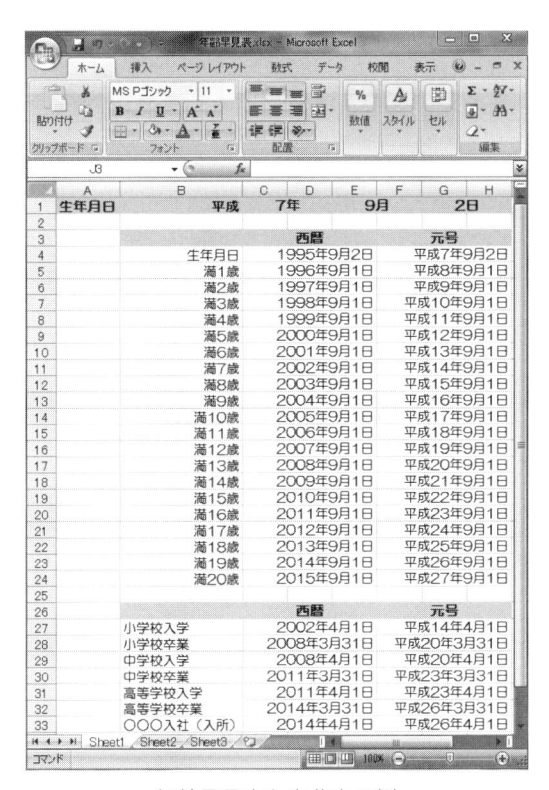

年齢早見表と自分史の例

履歴書をつくろう Part2 ――志望動機の書き方

▶めあて

　就職するときには「履歴書」を提出する場合があります。これは本人を会社の人に知ってもらう1つのツールです。その中でも「志望動機」は重要で，職場の人も重視します。この内容は面接のときにも確認されることがらです。これらを書くことで，自分自身がその仕事や会社に就職する意思を再確認したり，整理することにもつながります。

▶道具

　履歴書，ワークシート，今までの実習日誌，評価票

▶概要

　今までの実習日誌，評価表などを読み直し，仕事内容を思い出し，ほめられたことやうまくできたことなどを抜き出します。これらの中から「体力がある」や「細かい仕事が上手である」など志望する会社の仕事内容に関係することをみつけていきます。これらのことは，第三者の評価であり，仕事に対する適性を客観的に表してくれています。それらの第三者による評価は本人にとってのアピールポイントになります。これらによって，その業種に対する自信やモチベーションにつなげることができると考えられます。

　また，これらの実習をとおして，自分が感じたこと，そのときの経験や経験から学んだことも整理しましょう。

　このように今までの実習を振り返る中で，志望する業種や仕事との関連性を整理し，本人の意欲とかけあわせて表現できるようにします。

　このようなことについて以下の項目を盛り込んだワークシートに書き込んでいくことで，志望動機を整理していきます。

　(1) 今までの経験
　(2) 経験をとおしての気づきや学び（自己評価と他者による評価）
　(3) その職業（または仕事，または会社）が好きな理由
　(4) 就職したらがんばりたいこと

★サポートの決め手！
・実習日誌，評価票の振り返りの中でほめられたところ，上手にできたところなどの肯定的な評価と今後の課題となる評価について，マーカーで色分けしていくとわかりやすいでしょう。
・第三者の評価を適切にフィードバックしていくことが仕事へのモチベーションにつながります。

めざせ！ 合格！ 面接力アップ！

▶めあて

　就職するときに行われる面接。職場の人とのやりとりをとおして，自分をアピールしていきます。質問に対する答えの内容はもちろん，話し方や姿勢，態度もみられています。自分の姿勢や話し方を客観的にみて，よりよい態度で臨めるようになることをねらいとしています。

▶道具

　机，いす，動画撮影機能のある機器（ビデオカメラやデジタルカメラ，iPadなどのタブレット端末など）

▶概要

1. 模擬面接場面を設定します。机やいすを配置し，入室場面から設定できるとさらによいです。入室時からの様子を動画で撮影します。
2. 面接者が受験者にいくつかの質問をします。
3. 面接が終わり，退室したところで撮影を終了します。
4. 撮影した動画を本人や，ほかの人と一緒にみながら振り返ります。
5. 自己評価場面やみている人からのアドバイス場面を設けます。

　必要に応じて，想定される質問事項について，事前に答えを考え，ワー

模擬面接のイメージ

クシートにまとめておくと態度や話し方に集中できます。難易度は対象の人に合わせて行いましょう。

★サポートの決め手！
・評価の視点を事前に明らかにしておくことも有効です。
・他者からの評価は，修正すべきことだけではなく，上手にできたこともあわせてフィードバックすることが大切です。
・何度か行うことで，上達していることを動画で確認することも重要です。

職場での会話を学ぼう！ Part1──基本的なあいさつ

▶めあて

　職場でのあいさつはとても大切です。いくら仕事の技術や，やる気があってもあいさつがきちんとできないとそれだけで職場での印象が悪くなってしまいます。ここではロールプレイを通じて職場でのあいさつについて学んでいきます。

▶場所

　教室等

▶概要

1. 課題の提示

　あいさつの練習をすることを伝えます。また場面設定についても説明します（たとえば朝夕のあいさつ場面，用事を頼まれたときの返事，廊下で職場の同僚とすれ違うときの会釈など）。

2. 重要性や留意点の説明

　あいさつの重要性や留意点を説明します。あいさつをする際の留意点としては，たとえば以下の点があげられます。

　①笑顔で明るく
　②自ら積極的に
　③すべての人にあいさつをする

　このようなあいさつをする上での留意点を対象者と話し合いながら一緒に考えていきます。しかし，あいさつは一瞬のできごとであり，理解が難しい

ものです。そこでここでは理解をうながすために以下の点に配慮します。
　（a）具体的な例を大げさに強調して提示する。
　（b）ロールプレイなどを通じて視覚的に提示する。
　（c）悪い例と対比してよい例を強調する。
　（d）複数の要素がある場合は段階的に説明する。
　上記の（a）～（d）について配慮し，ロールプレイなど具体的な提示を行いつつ，対象者の理解をうながしていきます。
3. 練習1
　上記の学習をふまえて次は対象者に実際にあいさつの練習をしてもらいます。練習はなるべくグループで行い，参加者がお互いのあいさつの様子を見合い，考え合うことで理解を深めていくことが期待されます。
4. 応用性の説明～練習2
　基本的なあいさつが定着したら，今度はより応用が求められる場面を設定し，対象者に適切な方法を考えてもらいます（たとえば「あいさつをしようとした相手が忙しそうなときはどうするか？」など）。その上で，実際に練習を行います。
5. まとめ
　最後に学習した内容を振り返り，まとめをします。

★サポートの決め手！
・あいさつは特定の練習場面だけではなく，日常生活の中でくりかえし指導を行うことで，より実生活に則した経験を積んでいくことが大切です。

職場での会話を学ぼう！Part2 ── 仕事が終わったときや困ったときにどうするか

▶**めあて**

　職場では，さまざまな場面で，報告や連絡や相談といったことが求められます。指示された仕事が終わったときの報告や仕事をする中でイレギュラーなできごとに出会ったときの報告が求められます。さらに自分でミスをしてしまったときにもただちに報告をしなければなりません。ここでは，それらの場面に応じた報告の仕方を身につけることをねらいとします。

▶**教材**

　作業場面

▶**概要**

　主な報告場面として，①終了時の報告，②間違いや失敗をしてしまったときの報告，③不良品をみつけたり，通常と違う状況を発見したときの報告，などが考えられます。

　それぞれの場面設定をして，報告の仕方を学びます。報告には以下の（a）～（d）の要素が含まれます。

　（a）状況を理解する（把握する）。
　（b）報告する相手を判断する。
　（c）報告するときの言葉を考える（選ぶ）。
　（d）報告するときの話し方（声の大きさ，表情，姿勢など）を状況にあわせて選択することができる。

　実際の作業活動を想定し，ロールプレイをしながら，上記の①～③の場面を織り込んでいきます。はじめはそれぞれの状況がわかりやすい場面から入っていくとよいでしょう。また，難しい場合には，本人がどの要素でつまずいているのかを支援者が把握することも大切になってきます。さらに，これらをグループで行い，お互いの行動を見合いながら，状況の共有や適切な方法を考え，選択していくことで理解が深まるでしょう。

★**サポートの決め手！**

　・報告するタイミングについては，「ただちに」が原則ですが，報告する相

手の状況にあわせることも必要になってきます。
・報告のなかったときの仕事の滞りやお客様への迷惑など，報告の必要性をあわせて伝えていくことも重要です。

携帯電話のマナー

▶めあて

　携帯電話の普及にともなって，多くの人が携帯電話をもつようになりました。ところが，そのことが新たなコミュニケーションの問題を生じさせています。たとえば，緊急性がないのに上司や同僚に真夜中に電話をかけてしまったり，1日に何度もメールを送ってしまったりということからトラブルになることがあります。そこで，携帯電話を上手に使い，よりよいコミュニケーションがとれるようになることをねらいとした取り組みを考えます。

▶道具

　携帯電話

▶概要

　一般企業に就職したにもかかわらず，上司や同僚とのコミュニケーションがうまくいかずに退職せざるをえなくなったという事例があります。その中で，携帯電話のマナーに関するものも含まれています。とくに，緊急性がなくても頻繁に夜中に電話をかける，仕事中に私用の電話をかけたりメールを送ったりしてしまう，といったことがあります。

　そこで，携帯電話の使い方のマナーについて，みんなで話し合いをしてみます。まず，支援者がちょっとしたお芝居をします。夜寝ている間に電話がかかってきて，相手が今日のできごとを長々と話し続けるといった設定です。お芝居が終わったら，電話を受けた人の気持ちについて，話し合いをします。ぐっすりと寝ていたこと，電話の呼び出し音で起こされてしまったことなどを確認し，そんなときにどんな気持ちになるかを1人ひとり考えてもらいます。

　この話し合いをとおして，電話をかける側は相手が何をしているのかがわからず，迷惑になることもあることを確認します。迷惑に感じると，それが

「イヤ」という気持ちにつながることまで確認していきます。

そのほかにも，何度もメールを送ったけれども返信がないことを非難する，電車に乗っている間にかかってきた電話に出なかったことを非難するといった場面についても設定して，同じように話し合いをしていきます。

★サポートの決め手！
・携帯電話会社が携帯電話の使い方からマナーまで講義をしてくれるサービスを利用するのも1つの方法です。
・会社の上司・同僚と，友達との違いを確認していくことも大切です。

職場でのトラブルについて考えよう！

▶めあて

日常生活の中で「困ったこと」「いやなこと」があったときに，相手に自分の気持ちを伝えたり，趣味などをとおしてストレスを発散することは大切です。ここではグループ学習によりそのようなトラブルの解決方法や対処方法を知ることをねらいとします。

▶道具

メモ用紙，上映機材（VTR上映の場合）

▶概要

1. 導入

「職場で出会うトラブル」について具体例をあげ，講座への動機づけをうながします。

2. 全体学習1「いやなことがあったときの解決方法を知る」

①「いやなこと」とはどのようなことがあるかを参加者の発言を取り上げながら，具体的に説明します。

②スタッフによるロールプレイの実演（またはVTRの上映）を行い，「こんなことがあったらどうしますか？」と問いかけます。

③ロールプレイ（VTR）の内容を確認し，グループで話し合いを行います。まずはトラブルの原因について話し合い，共通理解を図ってから，次に「あなたならどうしますか？」と問いかけ，トラブルの解決方法につい

て話し合います。

> ※話し合いの際には参加者が実際に経験したことなどを思い出してもらいながら進めることが大切です。

④話し合ったことを発表し合います。その後，実際にどのように解決したか，ロールプレイ（VTR）をみます。解決場面をみることで，話し合った解決方法が合っているかを確認します。

⑤自分だったらどのように解決するか，参加者によるロールプレイを行います。

> ※ロールプレイを通じてスキルの獲得につながるようにかならず成功経験を得られるようにすることが大切です。

3. 全体学習2「いやな気分のときの対処方法を知る」

①仕事をする中で「いやな気分」になることは誰にでもあることだと伝えます。その上で，そのようなときにどうしたらよいかを問いかけ，ストレスの解消方法についてグループで話し合います。

②話し合った内容を発表し合います。

4. 講評・まとめ

学習したことや参加者による発表を振り返りながら，トラブルの解決方法やストレスの解消方法についてまとめます。楽しい雰囲気をつくって学習を終えられるようにします。

★サポートの決め手！

- グループでの話し合いを通じて参加者がお互いの体験を語る中で「いやなこと」に対する認識が深まるようにしましょう。
- 参加者がロールプレイによる成功経験を通じて，トラブル対処に関する知識だけではなく，解決に向けた意欲や姿勢をもってもらうことが大切です。

作業の手順書について

▶めあて

　知的障害者の人への作業指示においては障害特性に配慮する必要があります。具体的には作業を「単純化」し，達成基準を「具体化」「言語化」「視覚化」すること，また作業手順を整理・明確にすること（「構造化」）が必要です。ここでは，その方法の１つとして手順書を取り上げ，手順書作成におけるポイントをまとめます。

▶教材

　作業手順書

▶概要

　以下に手順書作成のポイントを示します。

①文字はゴシック体で大きめのポイントを使用する。

②漢字には読み仮名をつける。

③文章の表現は簡潔に具体的にする。

④写真・図・絵・動画等の視覚的な提示を多く使用する。

⑤作業工程を細分化し，スモールステップで構成する。

※なお，一度手順を理解すると，今度はその手順に固執することがあります。やむをえず作業手順を変更する場合は，変更箇所と変更理由を本人に伝え，新たな手順書を示すことが必要です。

★サポートの決め手！

・手順書の提示方法は１人ひとりの理解度や障害特性に応じたものであることが必要です。手順書を作成する前段階で，対象者の理解力や障害特性をしっかりと把握しておくことが重要です。

作業環境の整理について

▶めあて
　知的障害のある人が作業をする上で，作業環境を整えることは重要です。作業をする上で「何をするのか」「どれぐらいするのか」「いつまでするのか」を視覚的にわかりやすく提示したり，作業に使う物品などの置き場所を決めておくことで，本人の主体的な行動をうながすことが期待されます。

▶道具
　絵・写真等の視覚物，色テープ，パーテーション，ヘッドフォン等

▶概要
　1．場所の配慮

　作業をする場所は固定し（できれば1人ずつ専用の場所があることが好ましいです），まわりの人・もの・音などが気になる人には視覚・聴覚的な刺激を制限する工夫が必要です（たとえばパーテーションやヘッドフォンの使用など）。机の上は必要なものだけを作業の流れに沿って配置します。対象者の理解力に応じて，色分けするなどの工夫も必要でしょう。物品を置く場所に関しても個別に固定することで自発的な準備・片付けをうながすことが期待できます。

　作業する場所と休憩する場所を明確に分けておくことで，「今何をするのか」を切り替えられるようにすることも大切です。

　2．スケジュールの提示

　知的障害のある人にとって，作業の見通しがもてることは精神的な安定を保つ意味でも重要なことです。スケジュールの提示方法は対象者個々の理解力や障害特性に応じます（たとえば言語による理解が難しい人に対しては写真や絵による提示を行うなど。また，視覚物の並べ方についても対象者個々によって違います）。

　3．作業量・方法などの提示

　作業の見通しをもつためにはスケジュールだけではなく，「どの程度やるのか」といった作業の量を提示することも重要です。とくに言語による理解

が難しい人に対しては残りの作業量を視覚的に提示することは大切です。作業量は対象者の作業ペースに応じて適切な量（時間内に終えられる量）を設定することが重要です。また，視覚的に作業量を提示することが難しい作業の場合はタイマーのアラーム音等を使用して活動終了を伝えるなどの工夫が求められます。

★サポートの決め手！
- 知的障害のある人は多くの情報を処理することに困難があります。作業環境は「シンプル」で「明確」な提示であることが必要です。
- 作業環境の整理をすることによる最終的な目標は，知的障害のある人が環境から情報を得られることにより，主体的に判断し行動できるようになることです。作業環境を設定していく上では，いかに支援者の介入を減らし，本人が自ら考えて適切に行動できるかをめざしていくことが重要です。

「自分」のことを知ろう！

▶めあて

　自分自身を知り，理解することは，さまざまな困難についての要因と解決の糸口をみつけることにもつながります。ここでは「人」としてのさまざまな機能をもつ自分に気づき，機能レベルから困難の要因を考え，解決方法を知ることをねらいとします。

▶教材

　ワークシート（×3種類）

▶概要

1. 導入：「話す」ときに必要なこと（機能）は何か？

　事例を通じて「人」としてさまざまな機能をもつ自分の存在への気づきをうながします。ここでは例として「話す」ことを取り上げます。

　「話す」には右表の3水準の機能（「身体機能」「活動」「参加」）があることを伝えます。

「話す」の3水準の機能

水準	具体例
身体機能	口を動かす，声を出す等
活動	言葉をしゃべる
参加	人と会話をする等

2. 学習1:「働く」について考えよう

　具体的な働く場面を例に「身体機能」「活動」「参加」のそれぞれの水準でどのような機能が求められるのか，本人に問いかけます。本人はワークシートにそれぞれの機能水準にあてはまると思う具体例を書いて整理します。

　たとえば「ものをつくる仕事」では「身体機能」として手の操作，姿勢の保持などが，「活動」としては道具の使用やものを運ぶことなどがあげられます。また「参加」としては人と協力して行う作業や，仕事場での対人関係などに整理していきます。

　さらに本人の各機能においてどこが得意なのかまたは困難があるのかを問いかけ，「働くこと」がさまざまな機能から成り立っており，また働く場面における困難を機能との関係からとらえられることを伝えます。

3. 学習2:「1人暮らし」について考えよう

　「あなたが将来，1人暮らしをするためには，どんな機能が必要かを考えてみましょう」と問いかけ，ワークシートに3水準の機能に整理していきます。さらに各機能における本人の得意なことや困難なことについても話し合います。そして，各水準の困難に対しては自分1人で解決するだけでなく，地域のさまざまな資源を利用することができることを伝えます。

4. 学習3:生活地図をつくってみよう

　自分をとりまく環境と資源を知るために，生活地図について説明します。本人には自分のまわりの環境や利用できる資源を考えてもらい，ワークシートに自分の生活地図をつくっていきます。

5. まとめ

　最後に本人と一緒に①自分の困難を機能の要因から整理したこと，②困難解決のために生活地図を活用することについて伝え，まとめとします。

★サポートの決め手!

・本人の各機能について話し合う際は困難な面のみだけではなく，本人が得意とすることについても話し合うことで，有能感を認識してもらうことも大切です。

・「～をしたい，～ができるようになりたい」といった目標から機能面を整理することで，より前向きな姿勢で自己理解をうながすことができます。

時間を守って行動しよう！──規則正しく生活し，信用される社会人に

▶めあて

　遅刻をしない，スケジュールを守る，ということは仕事を進める上での基本中の基本です。時間を守った行動ができないと，仕事だけではなく，生活そのものが乱れてしまいます。また，友達との約束の時間に遅れてしまったりすると，信頼関係や信用も失くしてしまうかもしれません。時間を守って行動し，信用される社会人になりましょう。

▶道具／教材

　スケジュール帳，携帯電話（スマートフォン）／日課表，手順表

▶概要

　まずは，朝起きてから，夜就寝するまでの1日のスケジュールを決めましょう。そして，何時に何をするのかをわかりやすく表にしましょう。

　仕事の手順表も「何時に・どこで・何を・どのように」仕事をするのか，わかりやすくしておくと抜け落ちなく仕事を進めることができます。

　起床時間，出勤時間，待ち合わせ時間などの重要な時間は携帯電話やスマートフォンなどのタイマー機能を使って忘れないようにしましょう。

　定例外の予定は，スケジュール帳に記入したり，携帯電話・スマートフォ

日課表（平日）の例

時間	日課
7:00	起床，身支度，整容
7:30	朝食，服薬
8:00	出勤
	仕事
18:00	帰宅，出納帳記入
18:30	入浴
19:00	夕食，服薬
20:00	家事の手伝い，自由時間
21:00	翌日の準備，就寝準備
22:00	消灯，就寝

仕事の手順表（保育園での清掃）の例

時間	仕事
13:10	1階の園庭側出入り口の靴箱を小さいホウキとダスキンで掃除する。
14:10	1階の正面玄関の靴箱を小さいホウキとダスキンで掃除する。 玄関を玄関用のホウキで掃除する。
15:10	2階の男子休憩室を掃除機で掃除する。
15:20	2階のおはなしルームを掃除機で掃除する。
15:35	2階の多目的室を掃除機で掃除する。
15:50	階段をダスキンで掃除する。
16:10	1階遊びの部屋を掃除機で掃除する。
16:25	1階遊びの部屋の床をぞうきんで拭く。
16:40	1階遊びの部屋のおもちゃを洗う・拭く。
16:55	勤務表に時間を記入する（1階職員室）。 日誌を書く（2階事務局）。
17:00	終了。

※時間をよくみて，自分で行動してください。
※予定が変更になることもあります。用務員さんや園長先生の指示をよく聞いて仕事をしてください。

ンのメモ機能などに使用したりして，忘れないようにしましょう。「何時に誰と・どこで」といった基本情報は忘れずに記入しましょう。

　上記のことは，少し余裕をもって時間設定することが大事です。ギリギリになってしまい，焦ってしまうと，忘れ物をしたり，事故やケガを引き起こす原因になってしまいます。

★サポートの決め手！
・日課表や手順表は家族や会社の人と相談して決めましょう。
・日課表は細かくしすぎてもいけませんし，ざっくりしすぎてもいけません。使いやすいものをつくりましょう。

生活習慣と身だしなみを整えよう！

▶めあて

　就労事業所において，働くということだけではなく，生活習慣や身だしなみを指導することも大切です。自らの課題を認識し，克服することで自信につなげるとともに，理想の自分をみつける実践をします。

▶教材／場所

　持ち物確認表／就労事業所

▶概要

　生活習慣や身だしなみなどの課題は，学校生活において身についていることが理想的です。しかしながら，生活習慣は場所やかかわる人によってもなかなか定着しないことがあります。

　自宅から就労事業所にもってくる荷物が多く，出した荷物を片づけることができず，事業所に忘れて自宅に帰る，あるいは紛失する人がいます。この背景として，家庭でのルールおよび確認がないこと，本人が自分の課題を認識していないことがあります。職員は，このような課題について本人と話をし，「どのような人になりたいか」という理想の自分を考えるようにうながし，課題意識をもたせます。「きちんと片づけたり，忘れ物をしないようになりたい」という意識を確認した上で，方法を一緒に考えます。出勤時と退勤時に持ち物確認表を使って自ら荷物の確認をし職員の評価を受けることで，理想に近づきたいという意欲につなげます。これらの経緯について，家族への理解と協力を働きかけることも有効で，本人に確認の上家族とも共有します。家庭と就労事業所で共通の認識をもつとともに，本人が

持ち物確認表の例

持ち物確認表
- ①家の鍵
- ②自転車の鍵
- ③弁当
- ④水筒
- ⑤箸，スプーン，フォーク
- ⑥財布
- ⑦携帯電話
- ⑧ハンカチ
- ⑨髪ゴム，ヘアバンド
- ⑩上着

自ら克服したいという意識と自覚をもつことで，場所やかかわる人に関係なく，実施できるようにします。

★サポートの決め手！
・理想の自分について考える機会をつくることが大切です。
・自ら考えた課題について，改善方法を職員と一緒に考えるようにしましょう。
・できていることを評価するしくみをつくるようにしましょう。
・家庭と共有し，本人が意識と自覚をもつようにすることが大切です。
・場所やかかわる人に関係なく実施し，定着させることをめざしましょう。

引用・参考文献

■2章

Berg, L. & Miller, P. (Ed.) (1993) Mild senile dementia of the Alzheimer type. 4 : evaluation of intervention. Annals of Neurology, 31(3), 242-249.

Burt, D. B., Loveland, K. A. & Lewis, R. (1992) Depression and the onset of dementia in adults with mental retardation. American Journal of Mental Retardation, 96(5), 502-511.

Burt, D. B., Loveland K. A., Chen, Y.-W., et al. (1995) Aging in adults with Down syndrome: Report from a longitudinal study. American Journal on Mental Retardation, 100(3), 262-270.

Collacott, A. R. (1992) Differential rates of psychiatric disorder in adult with Down's syndrome compared with other mentally handicapped adults. British Journal of Psychiatry, 161, 671-674.

Dalton, A. J. & Crapper, D. R. (1977) Down's syndrome and Aging of Brain. Research to Practice in Mental Retardation, 3.

Evenhuis, H. M. (1990) The natural history of dementia in Down's syndrome. Archives of Neurology, 47(3), 263-267.

Fenner, M. E., Hewitt, K. E. & Trorpy, D. M. (1987) Down's syndrome : intellectual and behavioral functioning during adulthood. Journal of Mental Deficiency Research, 31, 185-192.

花田耕一・加藤進昌・丹羽真一ほか(1978)成人ダウン症候群脳波の分析.臨床脳波,20(7), 476-481.

橋本創一・菅野敦(1993)ダウン症成人者の急激な発達退行現象について(Ⅱ)——退行現象があらわれたダウン症者1例における行動及び知能の変化.日本発達心理学会第4回大会発表論文集, 318.

橋本創一・菅野敦(1995)ダウン症成人者の急激な発達退行現象について(Ⅳ)——急激退行現象があらわれたダウン症者1例における知能の衰退と社会生活能力の

低下．日本発達心理学会第6回大会発表論文集，244．

Haxby, J. V. (1989) Neuropsychological evaluation of adults with Down's Syndrome: patterns of selective impairment in non-demented old adults. Journal of Mental Deficiency Research, 33, 193-210.

早川浩（1985）Down症候群の免疫学的特性と老化．小児科MOOK，38，185-192．

早川浩（1989）Down症候群の免疫不全．小児医学，22(3)，529-542．

飯沼和三（1992）ダウン症候群の免疫・代謝異常．小児内科，24(11)，1645-1648．

池田由紀江・菅野敦（1993）ダウン症者の早期老化に関する心理学的研究．平成5年度科学研究費補助金（一般研究B）研究成果報告書．

池田由紀江・菅野敦・上林宏文ほか（1989a）ダウン症青年期の心理・医学的研究．安田生命社会事業団研究助成論文集，2，17-24．

池田由紀江・細川かおり・橋本創一ほか（1989b）地域で生活するダウン症者の身体的・精神的問題と早期老化．心身障害学研究，14(1)，37-44．

池田由紀江・菅野敦・橋本創一ほか（1993）ダウン症者の早期老化に関する心理学的研究 第1報 地域の施設に通所するダウン症者成人の実態と早期老化徴候．文部省科学研究費報告書．

池田由紀江・菅野敦・橋本創一ほか（1994）ダウン症者の早期老化に関する心理学的研究 第2報 ダウン症者の老化の評価方法の開発とその実態．文部省科学研究費報告書．

Jervis, G. A. (1948) Early senile dementia in mongoloid idiocy. American Journal of Psychiatry, 105(2), 102-106.

Jervis, G. A. (1970) 早期の老化とダウン症候群，Japan International Medical Tribune, 3, 17, 5.

兜真徳（1979）Down症候群における生物学的加齢現象について．精神衛生研究，26，57-68．

菅野敦（1997）ダウン症候群の早期老化――早期老化と青年期・成人期に現れる急激『退行』．特殊教育学研究，34(4)，69-76．

菅野敦（2001）知的障害者厚生施設を利用する重度知的障害者の知能特性――障害種別の特徴と加齢の影響．発達障支援システム学会研究，1(1)，11-19．

菅野敦（2005）退行を示した青年期・成人期知的障害者に対する地域生活支援と社

会参加の促進に関する研究——退行の類型と予防（特集 日本発達障害支援システム学会 2004 年度研究大会）．発達障害支援システム学研究，4(1・2)，35-46．

菅野敦・橋本創一（1993a）ダウン症成人者の急激な発達退行現象について（Ⅰ）．日本発達心理学会，第 4 回大会発表論文集，317．

菅野敦・橋本創一（1993b）ダウン症候群の早期老化——成人期に現れた急激退行現象．特殊教育研究施設報告，42，65-74．

菅野敦・橋本創一（1994）精神遅滞者の加齢に伴う知的能力の衰退——急激に退行を示したダウン症候群の知能．特殊教育施設報告，43，81-92．

菅野敦・橋本創一（1995）ダウン症成人者の急激な発達退行現象について（Ⅲ）——DSMSE による知的・認知機能の特徴．日本発達心理学会第 6 回大会発表論文集，243．

菅野敦・池田由紀江編著（1998）ダウン症者の豊かな生活——成人期の理解と支援のために．福村出版．

菅野敦・橋本創一・細川かおりほか（1994）ダウン症候群の早期老化と青年期・成人期急激『退行』の実際．第 29 回発達障害学研究大会発表論文集，47-48．

菅野敦・池田由紀江・橋本創一ほか（1995a）ダウン症候群の生涯発達に関する研究——成人期以降にみられた 3 つの発達タイプ．第 30 回発達障害学研究大会発表論文集．

菅野敦・池田由紀江・橋本創一ほか（1995b）ダウン症候群の早期老化の診断と評価——《ダウン症候群の精神状態テスト（DSMSE）》と《ダウン症候群の老化度・退行度チェックリスト（MCRDS）》の開発と適用．東京学芸大学紀要第 1 部門教育科学，46，329-343．

菅野敦・池田由紀江・橋本創一ほか（1995c）生涯発達の視点からダウン症候群の成人期を考える——成人期以降にみられた 3 つの発達タイプ．特殊教育研究施設研究年報，51-59．

菅野敦・橋本創一・細川かおりほか（1997a）ダウン症候群の早期老化診断システムの開発に関する研究 第 1 報　居住型施設にいるダウン症成人の実態と早期老化徴候——生活・健康・老化の実態と加齢の影響について．平成 10 年度文部省科学研究費補助金（基盤研究 C），研究成果報告書．

菅野敦・橋本創一・池田由紀江ほか（1997b）青年期・成人期急激『退行』を示した

ダウン症候群への治療教育. 特殊教育研究施設研究年報, 113-122.
菅野敦・橋本創一・細川かおりほか (1998a) 成人期ダウン症者の加齢に伴う能力と行動特性の変化――生涯発達の視点からみた発達特性とタイプ. 発達障害研究, 20(3), 61-71.
菅野敦・橋本創一・細川かおりほか (1998b) ダウン症候群の早期老化診断システムの開発に関する研究 第2報 居住型施設にいるダウン症成人の実態と早期老化徴候. 文部省科学研究費 (基盤研究C), 研究成果報告書.
菅野敦・橋本創一・池田一成ほか (2000) 住居型施設に暮すダウン症者の健康・行動・退行の実態. 発達障害研究, 21(4), 65-73.
菅野敦・川崎葉子・横田圭司 (2004) ダウン症のこだわりに関する研究. 特殊教育研究施設報告, 3, 89-97.
柄澤昭秀・今村理一・本間昭ほか (1989) 成人ダウン症における心身機能の特徴の加齢の影響. 臨床精神医学, 18(9), 1413-1422.
加藤進昌・桜井芳郎 (1980) 精神薄弱施設におけるダウン症候群患者の動態と早期老化傾向について. 精神医学, 22(6), 647-653.
木戸敬・髙嶋幸男 (1992) ダウン症候群とアルツハイマー病. 小児科, 24(11), 1667-1670.
小島道生・菅野敦・橋本創一ほか (1999) 住居型背施設で暮らす痴呆ダウン症者の実態に関する研究. 特殊教育研究施設研究年報, 73-80.
Lai, F. & Williams, R. S. (1989) A prospective study of Alzheimer disease in Down Syndrome. Archives of Neurology, 46, 849-853.
Margallo-Lana, M. L., Moore, P. B., Kay, D.W.K., et al., (2007) Fifteen-year follow-up of 92 hospitalized adults with Down's syndrome: Incidence of cognitive decline, its relationship to age and neuropathology. Journal of intellectual disability research, 51(Pt. 6), 463-477.
丸山恵子・池田修一・柳澤信夫 (1995) ダウン症候群におけるアルツハイマー型痴呆の臨床病期と頭部CT所見との比較検討. 臨床神経学, 35(7), 775-780.
Masaki, M., Higurashi, M., Iijima, K., et al. (1981) Mortality and survival for Down syndrome in Japan. American Journal Human Genetics, 33, 629-631.
三島卓穂・川崎葉子・飯田雅子ほか (1999) 強度行動障害の臨床的研究. 発達障害研

究, 21(3), 202-213.

村田哲人・越野好文・大森晶夫ほか（1993a）成人ダウン症候群の頭部 MRI, CT 所見——特に早期老化についての検討．精神医学, 35(11), 1199-1207.

村田哲人・越野好文・大森晶夫ほか（1993b）成人期ダウン症候群の早期老化についての脳代謝学的検討——Invivo Proton Magnetic Resonance Spectroscopy を用いて．脳と精神医学, 4(3), 279-288.

Myers, B. A. & Pueschel, S. M.（1991）Psychiatric disorders in persons with Down syndrome. Journal of Nervous and Mental Disease, 179, 609-613.

Myers, B. A. & Pueschel, S. M.（1995）Major depression in a small group of adults with down syndrome. Research in Developmental Disabilities, 16(4), 285-299.

小笠原嘉祐（1985）高齢ダウン症候群患者の臨床精神医学的検討．熊本県精神薄弱者更生相談所報, 4.

小笠原嘉祐（1987）精神遅滞と加齢．室伏君士（編）老年期精神障害の臨床, 金剛出版, 237-245.

Rasmussen, D. E. & Sobsey, D.（1994）Age, adaptive behavior, and Alzheimer disease in down syndrome: Cross-sectional and longitudinal analyses. American Journal on Mental Retardation, 99(2), 151-165.

櫻井芳郎（1987）高齢精神薄弱者および早期老化現象の実態とその対策．発達障害研究, 9(1), 15-27.

櫻井芳郎・北沢清司・日下部康明ほか（1980）高齢精神薄弱者の実態把握と処遇技術の体型化に関する研究報告書．国立精神衛生研究所精神薄弱部モノグラフ, 昭和 55 年度.

櫻井芳郎・小松せつ・日下部康明ほか（1981）高齢精神薄弱者の実態把握と処遇技術の体型化に関する研究報告書．国立精神衛生研究所精神薄弱部モノグラフ, 昭和 56 年度.

櫻井芳郎・小松せつ・日下部康明ほか（1982）高齢および早期老化精神薄弱者の処遇体系並びに処遇技術に関する提言．国立精神衛生研究所精神薄弱部モノグラフ, 昭和 57 年度.

櫻井芳郎・小松せつ・椎谷淳二ほか（1983）精神薄弱施設における高齢者および早

期老化対策に関する総合研究. 国立精神衛生研究所精神薄弱部モノグラフ, 昭和58年度.

櫻井芳郎・小松せつ・椎谷淳二ほか (1984) 精神薄弱者援護施設における老化対策の指針と処遇要領に関する提言. 国立精神衛生研究所精神薄弱部モノグラフ, 昭和59年度.

Silverstein, A. B., Herb, D. & Nasuta, R. (1986) Effects of Age of on the adaptive Behavior of Institutionalized Individuals with Down syndrome. American Journal of Mental Dificiency, 90(6), 659-552.

St.George-Hyslop, P. H., Tangi, R. E., Polinsky, R. J., et al. (1987) The genetic defect causing familial Alzheimer's disease maps on chromosome 21. Science, 235, 885.

Storm, W. (1990) Differential diagnosis and treatment of depressive features in Down's syndrome. Research in Developmental Disabilities, 11, 131-137.

杉山登志郎・山中昴 (1989) Down症候群に見られる青年期退行. 第29回日本児童青年精神医学会総会抄録集, 32.

Szymanski, L. S. (1984) Depression and anorexia nervosa of person with Down syndrome. America Journal of Mental Deficiency, 89, 246-251.

高嶋幸男 (1990) ダウン症候群とアルツハイマー型痴呆. 発達障害研究, 12(1), 50-53.

田中千穂子 (1992) ダウン症候群の心身症と箱庭療法. 小児内科, 24(11), 1703-1708.

Tanzi, R. E., Gusella, J. F., Watkins, P. C., et al. (1987) Amyloid β protein gene: cDNA, mRNA, distribution, and genetic linkage near the Alzheimer locus. Science, 235, 880.

魚橋武司・岩藤知義・田中敏夫ほか (1979) ダウン症候群の脳波とCT. 臨床脳波, 21(2), 93-102.

Warren, A. C., Holroyd, S. & Folstein, M. F. (1989) Major depression in Down's syndrome. British Journal of Psychiatry, 155, 202-205.

Wisniewski, K. E., Dalton, A. J. & McLachlan, C. (1985) Alzheimer's disease in Down's syndrome: Clinicopathological studies. Neuro-logy, 35(7), 957-961.

横田圭司・川崎葉子・四宮恵美子ほか (1993) ダウン症の青年期「退行」. 安田生命

社会事業団研究助成論文集，29(1)，114-120．

Zigman, W. B., Schupe, N. & Lubin, R.（1987）Premature Regression of Adult with Down syndrome. Americal Journal of Mental Deficiency, 92(2), 161-168.

■3章

藤田弘子・大橋博文（2006）ダウン症児すこやかノート──成長発達の手引きと記録：周産期・乳幼児期・学齢期・青年期，メディカ出版．

原美智子・江川久美子・中下富子ほか（2001）知的障害児と肥満．発達障害研究，23(1)，3-12．

橋本創一（2010）ダウン症者の心理・行動特性と支援に関する研究動向2010．発達障害学研究，32(4)，315-327．

日暮眞・高野貴子・池田由紀江（1998）ダウン症〈第2版〉（小児のメディカル・ケア・シリーズ），医歯薬出版株式会社．

石嵜信憲・田中朋斉（2009）健康管理の法律実務，中央経済社．

菅野敦・玉井邦夫・橋本創一編（2005）ダウン症ハンドブック，日本文化科学社．

小島道生（2009）知的障害者の加齢に伴う能力低下に対する支援状況．長崎大学教育学部紀要，教育科学，73，63-70．

公益社団法人東京都医師会　かかりつけ医の選び方　https://www.tokyo.med.or.jp/counseling/primary_care/（参照 2015-04-22）

厚生労働省　労働安全衛生法に基づく健康診断を実施しましょう　http://www.mhlw.go.jp/new-info/kobetu/roudou/gyousei/anzen/dl/130422-01.pdf（参照 2015-04-22）

厚生労働省　医療制度改革に関する情報 特定健康診査・特定保健指導に関するもの　http://www.mhlw.go.jp/bunya/shakaihosho/iryouseido01/info02a.html（参照 2015-04-22）

厚生労働省　がん検診について　http://www.mhlw.go.jp/bunya/kenkou/dl/gan_kenshin01.pdf（参照 2015-04-22）

文部科学省（2012）子どもの体力向上のための取組ハンドブック 全国体力・運動能力，運動習慣等調査から．文部科学省，16．

中村信也・辻村拓夫（2008）健康診断の基礎知識，環健出版社．

奥真也・中島直樹（2009）これでわかる特定健診制度〈改訂版〉，じほう．

大野耕策・平山義人・松石豊次郎（2007）知的障害者の健康管理マニュアル——身心ともに健康な成長・加齢のために，診断と治療社．

高野貴子（2010）ダウン症者の療育・教育支援・医療・福祉における実践と課題2010——ダウン症児の健康と医療的支援．発達障害研究，32(3-4)，362-369．

高野貴子（2011a）ライフスパンからみた小児科診療——Down 症候群．小児内科，43 (9)，1461-1463．

高野貴子（2011b）ダウン症 最近の話題——臨床像．小児科臨床，64(10)，2103-2108．

高野貴子・高木晴良（2011）ダウン症候群の保育，療育，就学，就労，退行，医療機関受診の実態．小児保健研究，70(1)，54-59．

高嶋幸男・松藤まゆみ・高嶋美和ほか（2011）ダウン症と加齢（特集：今，あらためて診るダウン症——知的・運動発達障害とリハビリテーション）．Journal of Clinical Rehabilitation，20(6)，541-547．

田中弘志（2011）ダウン症の整形外科的合併症（特集：今，あらためて診るダウン症——知的・運動発達障害とリハビリテーション）．Journal of Clinical Rehabilitation，20(6)，535-540．

渡邉貴裕（2010）ダウン症児の保育・教育実践に関する到達と課題．発達障害学研究，32(4)，339-349．

渡邉貴裕（2013）ダウン症児の発達特性と教育支援を考える——学習，言語，運動，行動，健康について．日本特殊教育学会第 51 回大会論文集，31．

渡邉貴裕・橋本創一・菅野敦（2013a）知的障害者の身体組成に関する研究（2）．日本特殊教育学会第 51 回大会論文集，P5-G-2．

渡邉貴裕・橋本創一・菅野敦（2013b）知的障害者の身体組成に関する研究．日本発達障害学会第 47 回大会論文集，94．

■ 4 章

朝田隆（2013）厚生労働科学研究費補助金認知症対策研究事業「都市部における認知症有病率と認知症の生活機能障害への対応」平成 23 ～平成 24 年度総合研究報告書．

Brown, F. R., Greer, M. K., Aylward, E. H., *et al.* (1990) Intellectual and adaptive functioning in individuals with Down syndrome in relation to age and

environmental placement. Pediatrics, 85, 450-452.
Chicoine, B. & McGuire, D.（1997）Longevity of a woman with Down syndrome: A case study. Mental Retardation, 35, 477-479.
Chicoine, B., McGuire, D. & Rubin, S. S.（1999）Specialty clinic perspectives. Janicki, M. P. & Dalton, A. J.（eds.）: Dementia, Aging, and Intellectual Disabilities: a Hand Book. Philadelphia, Brunner/Mazel, 278-293.
Coppus, A., Evenhuis, H., Verberne, G.-J., et al.（2006）Dementia and mortality in persons with Down's syndrome. Journal of Intellectual Disability Research, 50, 768-777.
Dalton, A. J., Fedor, B. L., Patti, P. J., et al.（2002）The Multidimensional Observation Scale for Elderly Subjects（MOSES）studies in adults with intellectual disability. Journal of Intellectual and Developmental Disability, 27(4), 310-324.
Deb, S., Hare, M. & Prior, L.（2007）Symptoms of dementia among adults with Down's syndrome: a qualitative study. Journal of Intellectual Disability Research, 51, 726-739.
福島雅典（監）（2007）染色体と遺伝子．メルクマニュアル医学百科家庭版（オンライン版），http://merckmanuals.jp/home/　知っておきたい基礎知識／遺伝と遺伝子／染色体と遺伝子.html（参照2015-04-22）
Hitzler, J. K.（2010）Cancer among persons with Down syndrome. International Review of Research in Mental Retardation, 39, 129-164.
井伊暢美・李笑雨・大賀淳子ほか（2013）認知症をもつ人の特性を生かした構造化によるBPSD軽減の可能性――TEACCHプログラムにおける構造化を応用して．日本認知症ケア学会誌，12(2), 455-464.
今村理一（2007）高齢知的障害者援助へのアプローチ――高齢者援助の場における査定・評価Ⅱ高齢期の機能の変化に対応する尺度とケアプラン．今村理一（監）新版高齢知的障害者の援助・介護マニュアル，日本知的障害者福祉協会，70-88.
Jokinen, N., Janicki, M. P., Keller, S. M., et al.（2013）Guidelines for structuring community care and supports for people with intellectual disabilities affected by dementia. Journal of Policy and Practice in Intellectual Disabilities, 10(1), 1-24.

Kalsy-Lillico, S., Adams, D. & Oliver, C.（2012）Older adults with intellectual disabilities: issues in ageing and dementia. Emerson, E., Hatton, C., Dickson, K., et al.（Eds.）: Clinical Psychology and People with Intellectual Disabilities, Second Edition. Chichester, John Wiley & Sons, 359-392.

上村直人（2013）認知症患者における未治療期間の検討．厚生労働科学研究費補助金「認知症のための縦断型連携パスを用いた医療と介護の連携に関する研究」平成24年度総括・分担研究報告書，20-23．

Kerr, D., Cunningham, C. & Wilkinson, H.（2006）Responding to the Pain Experiences of People with a Learning Difficulty and Dementia. York, Joseph Rowntree Foundation. http://www.jrf.org.uk/sites/files/jrf/9781859354599.pdf（参照 2015-04-22）

木下大生・有賀道生・上原徹ほか（2012）知的障害者用認知症判別尺度日本語版DSQIIDの開発に関する研究——感度と特異度の検証を中心として．国立のぞみの園紀要，5，49-62．

小島道生（2008）ダウン症者の加齢にともなう能力低下に対する心理・行動機能維持プログラムの開発．文部科学省科学研究費補助金研究成果報告書若手研究（B）．

小島道生（2009）知的障害者の加齢に伴う能力低下に対する支援状況．長崎大学教育学部紀要 教育科学，73，63-70．

小島道生（2010）青年期・成人期ダウン症者の支援プログラムの構築に向けた現状と課題．発達障害研究，32（4），328-338．

厚生労働省（2009）若年性認知症コールセンター（TEL：0800-100-2707）の開設について　http://www.mhlw.go.jp/houdou/2009/09/h0930-6.html（参照 2014-04-01）

Lott, I. T.（2012）Neurological phenotypes for Down syndrome across the life span. Progress in Brain Research, 197, 101-121.

McCarron, M., McCallion, P., Reilly, E., et al.（2014）A prospective 14-year longitudinal follow-up of dementia in persons with Down syndrome. Journal of Intellectual Disability Research, 58, 61-70.

McGuire, D. & Chicoine, B.（2006）Mental wellness in adults with Down syndrome: A guide to emotional and behavioral strengths and challenges. Woodbine House. 長谷川知子（監訳）（2013）ダウン症のある成人に役立つメンタルヘルス・ハンドブッ

ク——心理・行動面における強みと課題の手引き,遠見書房.
Sekijima, Y., Ikeda, S., Tokuda, T., *et al.* (1998) Prevalence of dementia of Alzheimer type and apolipoprotein E phenotypes in aged patients with Down's syndrome. European Neurology, 39, 234-237.
志賀利一(2013)知的障害者向けの認知症の判定尺度について.国立のぞみの園研究部のページ[facebook].https://ja-jp.facebook.com/nozomi.rs/posts/685892238105792(参照 2015-04-22)
高野貴子・高木晴良(2011)ダウン症候群の保育,療育,就学,就労,退行,医療機関受診の実態.小児保健研究,70(1),54-59.
Vis, J. C., van Engelen, K., Bouma, B. J., *et al.* (2010) Cardiovascular disorders among persons with Down syndrome. International Review of Research in Mental Retardation, 39, 165-194.
World Health Organization (2012) Dementia. http://www.who.int/mediacentre/factsheets/fs362/en/ (参照 2015-04-22)
横田圭司・千田若菜・岡田智(2011)発達障害における精神科的な問題——境界知能から最重度知的障害の 91 ケースを通して,日本文化科学社.

編著者

菅野　敦	東京学芸大学教育実践研究支援センター	第2章
橋本　創一	東京学芸大学教育実践研究支援センター	第4章③
小島　道生	筑波大学人間系	第1章解説，第4章①

執筆者（執筆順）

川口　靖子	バンビの会	第1章20歳代
藤江　もと子	公益財団法人日本ダウン症協会	第1章30歳代
細川　かおり	千葉大学教育学部	第1章解説
江上　尚志	公益財団法人日本ダウン症協会	第1章40歳代
京林　由季子	岡山県立大学保健福祉学部	第1章50歳代
関谷　真美	慶應義塾大学看護医療学部	第3章①，②
渡邉　貴裕	順天堂大学スポーツ健康科学部	第3章③，第5章③
田口　禎子	東京学芸大学教育実践研究支援センター	第3章④，第5章②
長谷川　桜子	愛知県心身障害者コロニー発達障害研究所	第4章②
西郷　俊介	NPO法人大牟田知的障害者育成会	第5章①
春日井　宏彰	社会福祉法人和枝福祉会	第5章④
内野　義紀	社会福祉法人和枝福祉会	第5章④
今枝　史雄	東京学芸大学大学院連合学校教育学研究科	第5章⑤
平井　威	明星大学教育学部	第5章⑤
伊藤　浩	社会福祉法人幸会	第5章⑥
小笠原　拓	株式会社ドコモCS	第5章⑥
尾高　邦生	東京学芸大学附属特別支援学校	第5章⑥
照沼　潤二	社会福祉法人武蔵野千川福祉会	第5章⑥
和田　智之	社会福祉法人武蔵野千川福祉会	第5章⑥

ダウン症者とその家族でつくる豊かな生活
――成人期ダウン症者の理解とサポート実践プログラム

2015年7月10日　　初版第1刷発行

編著者	菅野　敦・橋本　創一・小島　道生
発行者	石井　昭男
発行所	福村出版株式会社

〒113-0034　東京都文京区湯島2-14-11
電話　03-5812-9702　FAX　03-5812-9705
http://www.fukumura.co.jp

印刷　シナノ印刷株式会社
製本　協栄製本株式会社

ⒸA. Kanno, S. Hashimoto, M. Kojima　2015
Printed in Japan
ISBN 978-4-571-12125-8
乱丁本・落丁本はお取替えいたします。
定価はカバーに表示してあります。

福村出版◆好評図書

橋本創一・熊谷 亮・大伴 潔・林 安紀子・菅野 敦 編著
特別支援教育・教育相談・障害者支援のために
ASIST学校適応スキルプロフィール
●適応スキル・支援ニーズのアセスメントと支援目標の立案
◎5,000円　ISBN978-4-571-12123-4 C3037

学校・職場などでの適応状況を可視化するオリジナルの調査法。専門知識は不要ですぐに使える。CD-ROM付。

橋本創一・横田圭司・小島道生・田口禎子 編著
人間関係でちょっと困った人&発達障害のある人のためのサポートレシピ53
●本人と周囲がおこなうソーシャルスキルトレーニング
◎1,900円　ISBN978-4-571-42042-9 C0036

タイプ別に分け、豊富な事例から本人と周囲ができる解決策を提示。人間関係でお困りの方におすすめの1冊。

橋本創一 他 編著
知的・発達障害のある子のための「インクルーシブ保育」実践プログラム
●遊び活動から就学移行・療育支援まで
◎2,400円　ISBN978-4-571-12119-7 C3037

すぐに活用できる知的・発達障害児の保育事例集。集団保育から小学校の入学準備、療育支援まで扱っている。

池田由紀江・菅野 敦・橋本創一 編著
新 ダウン症児のことばを育てる
●生活と遊びのなかで
◎1,900円　ISBN978-4-571-12107-4 C1037

ダウン症児が持つことばの問題の基本的理解と、早期からのことばの指導法を発達段階の生活と遊びから解説。

菅野 敦・池田由紀江 編著
ダウン症者の豊かな生活
●成人期の理解と支援のために
◎2,000円　ISBN978-4-571-12090-9 C1037

家庭や職場・施設で、成人ダウン症者と共に生きていくためのポイントをまとめる。急激退行の問題も解説。

梅永雄二 著
発達障害者の理解と支援
●豊かな社会生活をめざす青年期・成人期の包括的ケア
◎1,500円　ISBN978-4-571-42027-6 C3036

発達障害の特性を正しく理解し、青年期・成人期発達障害者の教育と就労支援について、そのあり方を考える。

梅永雄二 著
障害者心理学
●障害児者の特性理解と具体的支援方法
◎2,000円　ISBN978-4-571-12118-0 C3037

障害児者が青年期以降も自立した社会生活を営めるために必要な支援について、心理的アプローチから考察する。

◎価格は本体価格です。